KB054534

슈퍼 기억력 트레이닝

인생이 10배 유리해지는
슈퍼 기억력 트레이닝

초판 인쇄 2019년 7월 1일
초판 발행 2019년 7월 10일

지은이 히라타 나오야
펴낸곳 다른상상
등록번호 제399-2018-000014호
전화 031)840-5964
팩스 031)842-5964
전자우편 darunsangsang@naver.com

ISBN 979-11-967111-3-9 13370

- 잘못된 책은 바꿔 드립니다.
- 책값은 뒤표지에 있습니다.

이 도서의 국립중앙도서관 출판예정도서목록(CIP)은 서지정보유통지원시스템 홈페이지
(http://seoji.nl.go.kr)와 국가자료종합목록시스템(http://www.nl.go.kr/kolisnet)에서
이용하실 수 있습니다. (CIP제어번호 : CIP2019022910)

독자 여러분의 책에 관한 아이디어나 원고 투고를 설레는 마음으로 기다리고 있습니다.
이메일로 간단한 개요와 취지, 연락처를 보내주세요. 독자님과 함께하겠습니다.

인생이 10배 유리해지는

슈퍼 기억력 트레이닝

히라타 나오야 지음 | 정현옥 옮김

다른
상상

당신 뇌에도 슈퍼 기억력이 잠들어 있다

기억에도 기술이 필요하다

나는 기억력대회 일본 챔피언이다.

이렇게 나를 소개하면 대개 이런 반응을 보인다.

"본 것을 모두 기억하는 거예요? 대단하네요."

사람들은 내가 잠깐 본 사진의 세세한 부분까지 떠올릴

수 있고 한 번 읽은 책도 외울 수 있다고 생각한다. 기억력이 뛰어난 사람이라고 하면 거의 이런 이미지를 떠올리는 모양이다. 세상에는 선천적으로 놀라운 기억력을 지닌 사람도 있고 특별히 의식하지 않아도 보이는 것을 모두 기억하는 사람이 있다.

그런 기대에 찬물을 끼얹는 것 같지만, 나에게 그런 특수한 능력은 없다. 나는 이 책을 읽고 있는 여러분과 다를 바없이 뛰어난 기억력을 타고난 사람은 아니다. 일상적으로 흘러가는 풍경을 수시로 기억할 수도 없고 눈앞의 광경을 머릿속에 사진처럼 순간적인 이미지로 남길 수도 없다. 하지만 다음과 같은 작업은 식은 죽 먹기이다. 한 줄에 랜덤으로 배열된 열 개의 숫자가 열 줄 있을 때, 이 100개의 숫자를 1분 안에 외우는 것 말이다(다음 페이지를 참고하라).

시간을 들이면 100개의 숫자를 어떻게든 외울 수 있다는 사람도 있을 거다. 하지만 1분 만에 외우라고 하면, '타고난 기억력 없이는 불가능해!'라며 포기하는 사람이 대부분일 거다.

그렇다면 나는 다른 사람들과 무엇이 다를까?

바로 기억하기 위한 기술, 기억법을 알고 있다는 점이다. 예를 들어 숫자 외우기를 시도할 때, 나는 그저 멍하니 숫자

아래의 숫자 배열을 1분 만에 외우기

9	7	7	2	0	9	8	3	3	1
5	5	0	5	2	6	7	3	8	0
6	9	4	3	4	8	4	3	4	9
0	4	9	0	7	2	4	9	4	3
0	4	9	7	5	4	4	1	1	4
6	5	2	4	7	1	4	5	1	2
2	9	6	8	0	9	3	2	0	0
3	1	2	0	2	7	3	3	6	2
5	3	4	1	1	7	5	7	8	1
9	3	0	0	9	7	6	1	8	7

만 바라보지 않는다. 본문에서 차차 구체적으로 설명하겠지만 먼저 간단히 이야기하자면, 1분 동안 배열표에 나열된 숫자 하나하나를 구체적인 '사물'에 비유하면서 미리 준비해둔 머릿속 공간에 순차적으로 배치해간다. 그리고 기억을 끄집어낼 때에는 머릿속 공간을 순서대로 더듬는다.

노력하면 누구나 슈퍼 기억력을 가질 수 있다

나는 기억력이 좋은 사람이라는 말을 자주 듣지만 이는 정확한 표현이 아니다. 무엇이건 기억할 수 있는 사람은 아니기 때문이다. 같은 숫자라 해도 순식간에 스쳐 지나간 자동차 번호판의 숫자는 4자릿수에 불과한데도 외우지 못한다. 무언가를 기억하려 할 때에는 의식적으로 기억법 사용 스위치를 'ON'으로 돌려야 한다. 그러니 나에게는 기억력이 좋은 사람이라는 표현보다 기억법을 제대로 사용할 줄 아는 사람이라는 표현이 어울린다.

TV에서 숫자를 대량으로 외우고 사람의 얼굴과 이름도 손쉽게 기억해내는 '기억력 천재'를 본 적이 있는가? 사실 그들도 기억법을 사용하고 있다. 타고난 특수 능력인 듯 연출되는 경우가 많지만, 사실 후천적으로 습득한 능력을 뽐

내고 있을 뿐이다.

아주 드물게 진짜 기억력 천재가 매스컴에 소개되기도 한다. 과거에 본 풍경을 선명하게 떠올리는 그런 사람들은 정말로 특별한 능력을 타고난 것 같다. 그러나 평범한 우리가 추구해야 할 것은 그들이 가진 능력이 아니다. 기억법이라는 기술을 익히고 의식적으로 사용하면서 외우고 싶은 것을 분명하게 외우는 것, 바로 이것이 우리의 목표다.

타고나지 않은 한 기억력 천재라는 말을 들을 일은 없지만, 누구든 기억법을 습득하면 '기억의 달인'이 될 수 있다. 기억법이란 뇌의 구조를 활용하여 대상을 논리적으로 재현하는 방법이다. 그러므로 누구나 후천적으로 습득할 수 있다. 특수 능력이나 수상한 속임수, 정신이론이 아니라 그저 단순한 기술일 뿐이니까.

대량의 정보를 정확하고 효율적으로 외우는 기술

여러분은 분명 기억력을 높이고 싶어서 이 책을 집어 들었을 것이다. 여기서 잠깐 생각해보자. 기억력이란 도대체 무엇일까?

기억력에는 다양한 측면이 있다. 일상적인 일을 기억하는 힘이자 물건을 잃어버리지 않는 능력이며, 대량의 정보를 정확히 기억하는 힘이기도 하다. 이들 중 기억법으로 키울 수 있는 부분은 세 번째에 해당하는 기억력이다. 내가 스쳐 지나가는 자동차의 번호판은 기억하지 못하면서도 100자리의 숫자는 기억할 수 있는 이유가 바로 여기 있다.

이 책을 읽고 기억법을 자신의 것으로 흡수할 수 있다면 아무리 많은 내용이라도 효율적으로 기억할 수 있을 것이다. 자기 안에 잠재되어 있는 슈퍼 기억력을 깨우는 것이다. 기억력을 높이고 싶어 하는 사람들이 가장 필요로 하는 것도 이런 능력일 것이다. 기억법을 익혀서 많은 정보를 정확하게 기억할 수 있게 되면 공부나 일하는 속도가 비약적으로 빨라지고 두뇌도 계속해서 활용하게 된다.

일상생활에서 혹은 일을 하면서 100자리의 숫자를 기억할 일은 거의 없겠지만, 신용카드 번호나 은행 계좌번호, 전화번호 등 여러 자리의 숫자를 기억해두면 편리하게 활용할 수 있다. 뿐만 아니라 기억법을 조금 응용해서 프레젠테이션 자료의 순서를 암기할 수도 있다. 그러면 물 흐르듯 매끄럽게 프레젠테이션을 이어갈 수 있고 업무 영역에서 그만큼 더 인정받게 된다.

이 책에서는 수면 학습이나 잠재의식을 활용하는 수상한 요법 따위는 소개하지 않는다. '충분히 잠을 자고 열심히 운

동하자'와 같은, 효과가 나타나려면 시간이 걸리는 팁을 소개하는 것도 아니다(그것도 중요하기는 하다). 이 책에서 알려주고자 하는 방법은 당장 내일부터 사용할 수 있는 구체적인 암기 기술이다. 처음 기억법의 세계를 접하는 사람들에겐 다소 생소하겠지만, 하나하나 익혀가며 아직 잠들어 있는 자신의 슈퍼 기억력을 일깨울 수 있기 바란다.

5장 저절로 이름이 외워진다, '태그법' 121

태그법 훈련 방식 124

태그법 효과적으로 사용하기 129

6장 기억법을 일상생활에 적용하기 139

1장

누구나 슈퍼 기억력을
가질 수 있다

왜 모두들 기억력을 업그레이드하려고 할까?

현대 사회에서는 디지털 기기가 굉장한 속도로 진보하고 있다. 필요한 정보가 있다면 자기 머리로 외우기보다 스마트폰으로 사진을 찍는 게 두말할 필요 없이 편하다. 사회는 이렇게 편리한 쪽으로 흘러가고 있는데 기억력을 높이는 건 어떤 의미가 있을까?

우선 프롤로그에서 소개했듯이 기억해야 하는 숫자를 메

모해두고 다시 꺼내 보는 수고를 하지 않고 바로 떠올릴 수 있다는 편리성을 들 수 있다. 무언가를 일일이 찾아봐야 하는 작업은 의외로 귀찮은 일이라, 그 번잡스러움으로부터 해방되는 것만 해도 큰 이득이다. 암기가 필요한 과목의 시험 공부에도 도움이 된다. 그러나 이런 작은 즐거움 외에도 자기 머리로 기억하는 일은 다음과 같은 세 가지 이점이 있다.

- 기억력은 사용할수록 향상된다.
- 기억법을 익히면 창의력이 좋아진다.
- 외우는 일이 즐거워진다.

디지털 기기가 진보할수록 역설적으로 인간에게는 더 큰 창의력이 요구된다. 수많은 정보를 취합해 어떤 선택을 내리느냐는 기계가 아닌 인간의 사고력에 달려 있다. 인간의 두뇌를 모방한 AI(인공지능)가 발전할수록 인간만이 할 수 있는 창의적인 활동이 개인의 능력을 결정짓게 된다.

그런데 창의적으로 사고하려면 두뇌 활용 능력이 좋아야 하고, 두뇌를 효율적으로 사용하는 데에는 기억법을 배우는 게 효과적이다. 다소 역설적이지만, 실제로 그렇다. 우리 뇌는 사용하면 사용할수록 발달하기 때문이다.

기억력은 사용할수록 향상된다

기억법은 기억력의 다양한 측면 중에서 대량의 정보를 정확히 기억하는 힘을 비약적으로 신장시킨다. 자기 머리로 외우는 연습을 할수록 기억력은 향상된다. 기억법을 익혀 나날이 실천하고 외우는 습관을 들이면 기억력은 몰라보게 좋아진다.

반대로 외부 기기에만 의존하면 기억력은 점점 떨어진다. 컴퓨터로 문서를 작성하면서 한자를 직접 기억해서 쓸 기회가 줄어든 탓에 한자를 잘 모르는 현상이 생겨났듯이, 자기 머리로 기억하기를 게을리하면 정작 새로운 것을 외우려 할 때 좀처럼 머릿속에 집어넣기 힘들다. 기억력을 자꾸 사용해야 뇌도 자꾸 일을 하는데, 쓰지 않는 습관이 들다 보니 새로운 정보를 입력하기가 어려워지는 것이다.

기억법을 익히면 창의력이 좋아진다

정보를 머릿속에 많이 축적해두는 일은 절대로 쓸데없는 과정이 아니다. 머릿속에 입력해둔 지식이 늘면 그만큼 그것을 써먹을 수 있는 범위도 확장되기 때문이다. 아무것도 없는 상태에서는 새로운 것을 만들어내기 어렵다. 무언가 머릿속에 들어 있어야 비로소 아이디어가 떠오른다.

입력을 외부에 의존하면 새로운 것은 탄생하기 힘들다. 자기 머리로 기억해서 피가 되고 살이 되게 하면 그만큼 새로운 것을 창출할 가능성이 높아진다.

또 자기 머리로 기억하는 정보의 양을 늘린다는 것은 뇌를 효과적으로 사용한다는 말이기도 하다. 기억법을 훈련할 때에는 언어를 이미지로 변환하거나 감정을 움직이는 작업이 필요하다. 이 과정을 연습하면 상상력이 풍부해지고 새로운 아이디어가 쉽게 떠오른다.

외우는 일이 즐거워진다

마지막으로 외우는 일이 즐거워진다는 장점이 있다. 기억하는 게 특기가 되고 인생 또한 여유로워진다.

기억력에 관해서는 많은 사람이 콤플렉스를 가지고 있는 듯하다. 본인의 기억력이 나쁘다고 아예 포기해버린 사람도 많다. 그런데 약점이라 생각했던 기억력이 강점으로 바뀌는 일, 이 성장 과정이 굉장히 흥미롭다. 내가 줄곧 콤플렉스로 여기고 있던 부분이 어느새 제일 자신 있는 부분으로 바뀌어가는 체험을 할 수 있다. 이 성장에 한계는 없다. 기억하는 요령만 잘 익히면 외울 수 있는 정보의 양이 신기하리만치 늘어난다. 성장은 무한대로 이어지고 나중에는 사람들이 불가능하다고 생각하는 수준까지 기억할 수 있게 된다. 그러다 보면 틀림없이 '암기가 특기'라고 자신 있게 말할 날이 올 것이다.

디지털 기기가 일상에 침투해오면서 무언가를 직접 기억할 필요성은 줄어들었는지도 모른다. 그러나 외우는 일 자체의 즐거움, 자신의 뇌가 한계를 넘어설 때의 희열은 사그라들지 않는다. 자동차가 발달했다고 해서 마라톤이 무의미해졌다고 말하는 사람은 없지 않은가. 마찬가지로 디지털 기기가 발달한다고 해서 인간이 자신의 머리를 사용하는 일이 무의미해지는 건 아니다.

스스로 기억할 수 있는 정보의 양이 늘어나면서 자신감이 높아지고 '와, 여기까지 외울 수 있구나.' 하는 희열을 느끼는 등 기억력 트레이닝은 취미로서의 가치도 충분하다.

인간의
기억력에는
한계가 없다

앞에서도 말했듯이 나는 원래 기억력이 뛰어난 사람은 아니다. 기억력에 자신이 없었느냐고 묻는다면 꼭 그렇지만은 않지만, 아주 평범한 수준이었다. 하지만 지금은 월등하게 성장했다.

기억법 사용에 따라 기억력이 어떻게 달라지는지, 내가 기억법을 처음 접했던 시절로 거슬러 올라가 소개하고자 한다.

기억력을 훈련한다고?

내가 처음 기억력을 훈련하게 된 계기는 기억력대회였다. 기억력대회에 본격적으로 참여한 것은 불과 2년 전이지만 그런 대회가 있다는 사실은 중학생 시절부터 알고 있었다. TV에서 흘러나오는 해외 기억력대회 특집방송을 보면서, '이런 세계가 있구나. 굉장한 사람들이네.' 하고 감탄한 기억이 난다. 그러나 내가 직접 경기에 참여하겠다는 생각은 꿈에도 못 했고, '흥미로운 세계가 있구나.' 하는 생각만 어렴풋이 내 머릿속에 남았다.

그러다가 고등학교를 졸업하자마자 도서관에서 우연히 발견한 책 한 권이 어렴풋이 남아 있던 의식을 되살려냈다. 그 책에는 어느 해외 저널리스트가 기억력대회를 처음 알게 되고 대회에 참가하기까지의 혹독한 훈련 과정이 담겨 있었다. 이 책을 읽으면 어딘가에 쓸모가 있을 것 같았다.

중학교와 고등학교에서 퀴즈 연구회에 속했던 나는 대학교에서도 퀴즈를 계속할 생각이었다. 그래서 많은 것을 효율적으로 외우고 싶었다. 이 욕심은 '여기에 실린 기억법이 쓸 만할 것 같다. 기억법을 습득하면 상상도 못할 만큼 지금보다 효과적으로 새로운 사실을 외울 수 있을 거야.'라는 생각으로 발전했다.

인터넷으로 기억력대회에 관해 알아보다 전 대회 챔피언이 며칠 후 우리 집 근처에서 대회 연습 및 체험회를 연다는 소식을 접했다. 다시없을 기회임을 직감한 나는 당장 체험회에 참가하기로 했다. 일정이 맞지 않거나 먼 곳에서 열렸다면 참가하기 어려웠을지도 모른다. 그야말로 신이 맺어준 인연인 듯하다.

기억법이라니, 뭔가 수상하지 않아?

그런데 기억법 체험회라니, 어쩐지 수상한 냄새가 나지 않는가? 기억법이라고 하면 꺼림칙한 이미지가 먼저 떠오른다. 실제로 기억력을 향상시켜준다는 명목으로 비싼 수강료를 받는 세미나도 여럿 열리고 개중에는 돈벌이에만 급급한 세미나도 있다. 주위에 "수상하니까 그만두는 게 어때?" 하고 걱정해주는 사람들도 있었다.

나는 한번 들여다보고 조금이라도 수상한 낌새가 보이면 바로 나오자는 마음으로 발걸음을 옮겼다. 그런데 실제로 체험회에 참가해보니 이건 완전히 신세계가 아닌가! 기억력대회는 어엿한 두뇌 스포츠 중 하나라는 것, 그리고 기억법은 뇌의 구조를 이용한 기술이라는 사실을 알게 되었고 나도 즉시 그 효과를 실감할 수 있었다.

체험회가 끝날 즈음에는 대회에 관해 더욱 알고 싶어졌고 기억법을 제대로 익혀보고 싶은 욕심이 생겼다. 언젠가 대회에 출전해보고도 싶었다. 눈 깜짝할 사이에 완전히 팬이 되어버린 것이다.

기억력을 10배 업그레이드하다

그렇다면 기억법을 습득한 뒤 내 기억력은 얼마나 좋아졌을까?

기억력대회 종목 중 5분 안에 가능한 한 많은 숫자를 외우는 스피드 넘버가 있다. 한 줄에 40자리, 여러 줄에 걸쳐 배열된 숫자들을 무작정 외우는 종목이다. 처음 스피드 넘버에 도전했을 때 내가 기억한 숫자는 20자리에 불과했다. 외운 숫자가 고작 첫 줄의 절반이라는 참담한 결과였다(기억법을 모르는 사람이 스피드 넘버에 도전하면 대부분 이 정도 자리까지 외운다).

숫자를 기억하기 위한 기억법을 배우고 한 번 더 도전했다. 그랬더니 이번에는 44자리의 숫자를 외울 수 있었다. 기억법을 배우자마자 외울 수 있는 자릿수가 두 배 이상 늘어난 것이다. 기억법의 효과를 실감한 것은 물론이고 기억법은 체계적으로 확립된 이론을 바탕으로 하기 때문에 그것을 이해해 사용하기만 해도 이렇게 결과가 달라진다는 사실에 감동했다. 기억력을 기술적으로 신장시킬 수 있음을 몸소 느낀 순간이다.

이 깨달음은 기억법 연습을 거듭할수록 확신으로 바뀌었다. 연습을 반복할 때마다 외우는 감각이 생겼고 기억법을 온전히 내 것으로 받아들일 수 있다는 자신이 붙었다.

2개월 정도 연습했더니 스피드 넘버 암기 기록이 80자리로 늘었다. 반년 후에는 더욱 고도의 기억법을 사용하기 시작했고 120자리까지 외울 수 있게 되었다. 그리고 2년이 흐른 지금은 안정적으로 200자릿수 이상을 외울 수 있다. 5분 동안 20자릿수 암기라는 일반적인 기억력밖에 갖지 못했던 내가 기억법을 습득하고 연습을 거듭한 결과 그 열 배나 되는 200자리 이상의 수를 외울 수 있게 된 것이다.

이런 성장을 체험한 사람은 나뿐만이 아니다. 현재 나는 기억법 훈련 아카데미에서 강사로도 활동하고 있다. 향상 속도에 개인차가 있기는 하지만, 그곳에서 기억법을 배운 학생들 모두 외울 수 있는 양이 확실히 늘어가고 있다. 기억력대회에 출전하는 선수는 초등학생도 있고 60세가 넘어서 처음으로 경기에 참가하는 사람도 있다. 그들 모두 기록을 착실하게 늘려가고 있다. 기억력에는 나이 제한이 없기에 언제 시작해도 향상시킬 수 있는 것이다. 뇌 기능 자체는 나이가 들수록 떨어질지도 모르지만, 기억법이라는 기술을 알면 이전보다 외울 수 있는 양은 몰라보게 늘어난다.

2년 만에
1인자가 되다

나는 낮에는 대학생으로, 평일 밤이나 주말에는 기억법을 연습하고 정기적으로 기억력 일본 선수권 대회나 해외에서 열리는 대회에 참가하는 현역 기억력대회 선수로 활동하고 있다.

　2017~2018년 일본 오픈 기억력 선수권에서 우승을 했고 종합 일본 랭킹 2위(2019년 기준)를 지키고 있다. 학생으로서는

최상위이다. 일부 종목에서는 최고 기록도 보유 중이다. 또 온라인으로 전 세계 참가자들이 기억력을 겨루는 '메모리 리그(Memory League)'라는 사이트가 있는데, 그곳에서 매긴 순위로는 일본 1위다(세계에서는 5위 전후).

선수로서 대회에 참가하는 한편 앞에서 얘기한 것처럼 도쿄에 있는 브레인 스포츠 아카데미라는 교육기관에서 기억법에 관한 강연도 한다. 대학교에서 퀴즈 동아리 활동을 제대로 해보고 싶어서 기억법을 익히려 했을 뿐인데 기억력대회의 세계에 흠뻑 빠져버린 것이다.

기억력대회에 참가하면서 느끼는 재미 중 하나는 나의 성장 과정을 점수로 파악할 수 있다는 점이다. 대회에 참가하면 그간의 노력에 따른 결실을 바로 확인할 수 있다. 기록이 높아질 때마다 내 뇌의 한계를 극복해간다는 느낌이 들어서 연습 자체에 재미를 느끼게 되었다. '퀴즈를 만들고 푸는 데 활약하기 위해 자료를 효과적으로 외우고 싶다'는 당초 목적이 어느새 기억하는 행위 자체의 즐거움을 알게 해주었고 외우는 기술을 활용해 겨룰 수 있는 기억력대회에서 성과를 내고 싶다는 욕구로 거듭났다.

이 변화는 한 가지 깨달음을 주었다. 대회를 위해 습득한 기억법이 일상생활이나 공부에도 큰 도움이 된다는 것이다. 그리고 기억력대회에서 쌓은 기억법을 대학교 시험에 응용해본 결과 기억법을 사용할 수 있었던 모든 과목에서 최고 평가인 A+를 받았다.

일상에 필요한 기억은 외우기 힘든 형태로 존재한다

기억력대회에 흠뻑 빠져들었기에 기억법을 일상생활에서 활용할 수 있었다는 말은 어떤 의미일까?

역설적이지만 일상생활이나 공부, 퀴즈를 위해서 당장 써먹을 수 있도록 기억법을 배웠다면 기억법을 완전히 소화해서 내 것으로 만들지는 못했을 것이다. 우리가 일상생활이나 공부, 업무 현장에서 외우려고 하는 것은 외우기 힘든 형태로 존재하거나 기억법에 익숙하지 않으면 적용하기 어려운 경우가 많기 때문이다. 공부를 위해 기억법을 익혀야겠다고 마음먹었다가도 외우고 싶은 것에 적용하기 어렵다고 느끼면 좌절해버리는 것이다.

실제 대회 연습으로 시작하는 게 지름길

그럼 어떻게 해야 일상에서도 쓸모 있는 기억법을 익힐

수 있을까? 가장 좋은 방법은 한번 대회 참가를 목표로 준비에 매진해보는 것이다. 시간이 너무 많이 필요할 것 같은가? 그런 생각을 하는 여러분에게 추천하고 싶은 방식이 대회와 같은 상황을 만들어 연습하는 것이다.

우선 기억법에 관한 기초를 충분히 익힌 후 일상생활에 적용할 방법을 찾자. 기억법을 완전히 익히지 않은 채 응용부터 하려고 하면 좀처럼 잘 되지 않는다.

대회에 실제로 참여하지 않는다 해도 대회 형식에 맞추어 연습하는 것 자체가 좀처럼 넘기 힘든 장벽처럼 느껴질 수도 있다. 하지만 염려하지 말자. 이 책에서는 꼭 필요한 최소한의 기술만 소개할 것이므로 한두 시간만 연습하면 유용한 기억법을 습득할 수 있다.

한 과목 암기에 집중할 거라면 기억법을 배우기보다 평소처럼 공부하는 게 효율적일지도 모른다(적어도 내일 시험을 위해 지금부터 기억법을 연습하는 것은 효율적이지 않다). 그러나 기억법은 한 번 습득하면 모든 분야에 적용할 수 있는 최강의 무기가 될 것임을 보증한다.

우선 기억하기 쉬운 형태로 훈련하기

대회에서 암기해야 하는 내용은 숫자나 단어, 간단한 그림, 사람의 얼굴과 이름 등 하나같이 매우 단순하다. 일상생활이나 자격시험에서 외워야 하는 내용에 비하면 상당히 '외우기 쉬운 형태'인 것이다. 그러므로 습득한 기억법이 점수에 그대로 반영된다. 대회 종목에 맞추어 연습하면 기억법을 충분히 익혔는지 금방 알 수 있다는 뜻이다.

일상생활을 위해 기억력을 향상시키고 싶다는 욕구는 많은 사람에게 공통된다. 그런 사람에게 나는 대회에 맞추어 연습해서 기억법 수준을 높인 다음에 일상생활에 적용하는 방법이 제일 효과적이라고 조언한다. 이 책은 바로 그런 순서에 맞추어 썼다. 즉 기억력대회에서 많이 활용되는 기억법들을 소개한 후 일상생활에 활용하는 방법을 다루었다.

제2장에서는 스토리 기억법이라는 간단하면서도 효과적인 기술을 소개하겠다. 다음으로 제3장에서는 최강의 기억법이라고 할 수 있는 장소법을 소개한다. 이 기억법은 사전작업이 필요하지만, 응용 범위가 넓고 외울 수 있는 자릿수도 많은 강력한 기술이다. 그 후 숫자를 외우기 위한 변환법을 소개하겠다(제4장), 마지막 기술은 사람의 얼굴과 이름을 일치시켜 외우는 태그법이라는 기억법이다(제5장).

6장과 7장에서는 기억법을 일상생활에 응용하는 방법을 전수한다. 신용카드 번호나 은행 계좌번호 등을 이 책에서 배운 방법을 적용하여 외워보기 바란다.

부록으로 기억력대회의 종목을 간단하게 소개한다. 대회 자체에는 흥미가 없을 수도 있지만, 대회 내용을 구체적으로 그릴 수 있으면 어떤 상황에 어떤 기억법을 사용하면 좋을지 이해하기 쉬울 것이다. 꼭 참고하기 바란다.

슈퍼 기억력 트레이닝

2장

기억법 훈련의 기본,
'스토리 기억법'

스토리
기억법
훈련 방식

스토리 기억법이란 외우고 싶은 단어를 머릿속에서 스토리로 재구성해 순서대로 기억함으로써 한 번에 외우는 기억법이다. 숫자의 경우, 제4장에서 소개하는 변환법을 사용하면 더 효과적으로 외울 수 있다. 여기에서는 기본이 되는 단어 기억법을 구체적으로 예를 들어 소개하겠다.

외우기 단계는 두 가지이다.

STEP 1 단어를 이미지로 변환하기
STEP 2 이미지 순서대로 스토리 만들기

【STEP 1】 단어를 이미지로 변환하기

단어란 문자 정보에 불과하므로 그대로는 기억에 남기 어렵다. 그래서 문자 정보를 구체적인 이미지로 바꿔야 한다. 예를 들면 사과라는 단어를 외우고 싶다면 우선 구체적인 '사과의 형태'를 머릿속에 그린다. 빨갛고 둥글고 커다란 사과. 문자 정보를 이미지로 바꿔서 떠올림으로써 기억에 남길 준비가 끝난다.

【STEP 2】 이미지 순서대로 스토리 만들기

이미지로 변환했다면 스토리를 만들어간다. 머릿속에서 이야기를 만들어 외우고 싶은 사물과 사물을 연결시킨다. 그러면 기억에 완전히 남길 수 있다.

스토리 기억법으로 단어 외우기

여기에 다섯 개의 단어가 있다. 이 단어들을 스토리 기억법을 사용해 순서대로 외워보자.

1	2	3	4	5
공	교과서	못	얼음	목걸이

우선 1번의 공이라는 단어를 이미지로 변환한다. 머릿속에 둥글고 커다란 공을 그려보자. 물론 어떤 형태의 공이건 상관없다. 그다음, 교과서를 이미지로 바꾸어 공과 연결되는 스토리를 만들어간다. 나는 층층이 쌓인 여러 권의 교과서를 떠올렸다. 그리고 1번의 공과 연결해 '공을 던졌더니 층층이 쌓인 교과서에 맞는' 장면을 상상했다.

이때 반드시 장면을 떠올려야 한다. 단지 문장으로만 스토리를 만드는 것이 아니라 머릿속에서 그림을 그려 이야기를 진행해가자. 영상을 보는 것과 같은 감각을 활용하는 것이다.

또한 외울 순서대로 스토리를 만들어가는 것이 중요하다. '교과서를 펼쳤더니 공이 나왔다'는 스토리를 만들면 '교과서→공'으로 순서가 바뀌어버린다. 스토리에 단어가 나오는 순서는 반드시 원래의 순서에 맞추어야 한다.

이런 방식으로 스토리를 만들어간다. 예를 들면 다음과 같다.

——————— 공을 던졌더니 층층이 쌓인 교과서에 맞았다. 바닥에 흩어진 교과서를 고정하기 위해 못을 박았다. 그러다가 손가락에 못이 박혀 허둥지둥 얼음으로

2장. 기억법 훈련의 기본, '스토리 기억법'

냉찜질을 했다. 그리고 붕대 대신 목걸이로 손가락을 칭칭 감았다.

앞서 말했듯 문장이 아닌, 장면을 머릿속에 그리도록 하자. 머릿속에서 스토리를 하나의 영상으로 만들면 아주 짧은 동영상이 완성된다. 동영상을 만들었다면 머릿속으로 재생해보자. 처음과 똑같이 재생된다면 이미 머릿속에 저장된 것이다. 스토리를 제대로 만들었다면 그것만으로 완전히 기억할 수 있다. 만든 스토리를 처음부터 재생해서 나오는 단어를 골라내기만 하면 되기 때문이다.

지금은 내가 소개한 스토리를 떠올렸겠지만, 스스로 이야기를 만들면 훨씬 기억하기 쉽다. 스토리를 만들 때의 요령은 가능한 한 재미있고 과장된 이야기를 만드는 것이다. 그래야 자극이 크고 기억하기도 쉽다. 처음에는 재미난 이야기를 창작하기 어려울지 몰라도 여러 번 반복하다 보면 재미있게 만드는 요령을 터득해서 조금씩 강렬한 스토리를 구성할 수 있을 것이다.

이것이 스토리 기억법이라는 단순하면서도 기본이 되는 기억 기술이다. 단어를 이미지로 바꾸어 머릿속에서 그리는, 기억법의 '기본 중의 기본'이 담겨 있으므로 가장 먼저 정복해두기 바란다. 이 기억법을 사용하면 단어 열 개 정도는 순서까지 손쉽게 외울 수 있다. 그러나 그 이상은 스토리가 복잡해지고 장대해져서 외우기 어렵다. 훨씬 많은 단어를 외우려 할 때는 다음 장에서 설명하는 최강의 기억법, '장소법'을 활용하면 된다.

Let's try
스토리 기억법으로 단어 10개 외우기

다음의 단어를 스토리 기억법을 사용해 정확하게 순서대로 외운 후 답해봅시다(시간 제한은 없습니다).

연습문제 1. 단어 5개 ①

1	2	3	4	5
가방	낫토	까마귀	지하철	수트

연습문제 2. 단어 5개 ②

1	2	3	4	5
고등학생	양파	소파	수첩	물

연습문제 3. 단어 10개 ①

1	2	3	4	5
빌딩	건전지	책가방	복권	바나나
6	7	8	9	10
일기	신호등	안경	온천	덮밥

연습문제 4. 단어 10개 ②

1	2	3	4	5
축구	홍차	인형	카메라	보자기
6	7	8	9	10
버스	이	이불	간장	결혼식

슈퍼 기억력 트레이닝

3장
- - - - -

세계 최강의 기억법,
'장소법'

스토리 기억법은 10개 정도의 단어를 순서대로 외울 때 유용한 데 비해 장소 기억법(이하 장소법)은 더 많은 단어를 순서대로 외워야 할 때 효과적이다. 20개 정도의 단어나 숫자라면 장소법을 익히자마자 순서대로 암기할 수 있다. 기본적으로 수에 제한이 없어서 잘 활용한다면 100개나 200개쯤은 거뜬하다. 게다가 긴 쇼핑 리스트나 할 일 목록, 신용카드 번호를 외울 때, 혹은 단어장 대신 활용하는 등 다방면으로 응용하기 좋은 기억법이다.

장소법은 우리 뇌의 시스템을 이용해 기억하는 방법이다.

최근 모임에 참석했을 때 주위에 누가 앉았는지, 옆 테이블에는 누가 있었는지 기억하는가? 근무하는 사무실에서 누구의 책상이 어디에 있는지는? '그런 걸 일일이 외우고 다니나?' 하고 반감이 생길지도 모르지만, 기억을 더듬어보자. 의식적으로 외우려 한 적도 없는데 의외로 쉽게 떠오르지 않는가?

무언가를 외워야 할 때에는 상당히 고심하는데, 오히려 외울 필요가 없는 것, 외우려고 시도조차 하지 않은 것은 쉽게 떠오르다니 신기할 따름이다. 이는 뇌가 가진 특성 덕분에 가능한 일이다. 그 능력을 최대한 활용하는 게 이번 장에서 배울 장소법이다.

장소법은 대회에 참가하기 위한 훈련뿐 아니라 일상생활에서도 엄청난 효과를 발휘한다. 나는 장소법이야말로 세계 최강의 기억법이라고 믿는다. 먼저 그 이유부터 짚어보자.

장소법은
왜
세계 최강의
기억법인가?

고대부터 내려온 가장 오래된 기억법

장소법을 단적으로 표현하면, '미리 지정해둔 장소에 사물이 실제로 존재하는 것처럼 배치해놓고 순서대로 외우는 방법'이다. 장소법은 '기억의 궁전', '마인드 팰리스(Mind Palace)', '수납법', '플레이스법' 등 다양한 명칭으로 불리며,

이미 역사적으로 효과가 입증된 기술이다(참고로 우리나라에서는
'기억의 궁전'이라고 많이 부른다 – 옮긴이).

　장소법의 기원은 고대 그리스의 음유시인 시모니데스로
거슬러 올라간다. 교육학자 니시카와 준은 시모니데스에 의
해 장소법이 탄생한 일화를 다음과 같이 소개했다.

> ─────── 시모니데스는 어느 귀족이 베푼 연회에
> 참가해 시를 읊었고 밖에서 누가 찾는다는 말에 자리를
> 떠났다. 그런데 갑자기 연회장의 천장이 무너져 참석자
> 들을 덮쳤다. 이때 우연히 자리를 떠났던 시모니데스만
> 천운으로 생명을 건졌다. 사체는 누가 누구인지 판별하
> 지 못할 정도로 일그러져 있었지만, 그는 참석자들이 있
> 던 자리를 정확히 기억했기에 사체의 위치를 보고 누구
> 인지 맞혔다. 이 일을 계기로 그는 외우고 싶은 것을 장
> 소와 연결할 때 기억력이 강해진다는 사실을 깨달았다.

　장소법은 이렇게 탄생했다. 모임에 동석한 사람들의 얼굴
을 떠올리거나 회사 동료들을 떠올릴 때 모임에서 앉았던
위치나 사무실 자리와 이름을 연결시키면 기억하기 더 쉬
운 것과 비슷한 이치이다. 이미 2500년 전에 똑같은 논리를
이해하고 깨달아 기억법으로 완성한 인물이 있었던 것이다.

수많은 연구로 입증된 장소법의 효과

오래전부터 장소법의 효과에 대한 연구가 이어져왔다. 일례로 존 로스와 케리 로렌스는 1968년에 단어를 기억하는 실험을 했다. 실험 방법은 40개의 단어를 각각 한 번만 제시한 후 곧바로, 그리고 다시 하루 뒤에 그 단어들을 얼마나 기억할 수 있는지 테스트하는 것이었다. 피험자는 장소법을 이용해 자신의 속도에 맞추어 외운 단어를 하나씩 말했다. 그 결과 평균적으로 직후에는 약 90퍼센트 이상의 단어를 말했으며 하루 뒤에는 80퍼센트의 단어를 기억해냈다.

장소법을 사용하면 영어 단어를 더 효과적으로 외울 수 있는가에 관한 연구도 있다. 나카무라 고키를 비롯한 몇몇 연구자들은 대학생을 대상으로 실제 장소를 방문해 장소나 사물과 관련을 지으면서 영어 단어를 외운 결과와 장소법을 사용하지 않았을 때의 결과를 비교하는 실험을 했다. 실험 결과 실내에서 문자 정보만을 사용해 영어 단어를 외운 쪽보다 실제 장소를 찾아가서 외운 쪽의 성적이 좋게 나왔다. 이를 바탕으로 "장소법을 응용한 방법이 영어 단어 암기에 유용하다"고 보고했다.

덧붙여 장소법을 사용했을 때 뇌의 어느 부분을 사용하는지에 대한 연구도 있다. 이치하시 히데토모 연구팀은 장소법을 사용해 영어 문장을 기억한 피험자가 영어 문장을 떠올릴 때 뇌의 어느 부분을 사용하는지 실험했다. 뇌파를 측정한 결과 기억해낼 때에는 우뇌가 활성화되었다고 한다. 이를 바탕으로 "장소법은 공간이나 검색 수단을 시각화한 이미지로써 기억하는 점이 특징으로, 그와 관련된 활동은 우뇌가 담당한다"는 결론을 내렸다.

앞서 소개한 연구 외에도 다양한 연구가 장소법의 효과를 뒷받침하고 있다. 특히 이치하시 히데토모 팀의 연구에 나타났듯이 우뇌를 사용한다는 점이 인상적이다. 장소법을 사용할 때 '지금 우뇌를 사용하고 있구나!' 하고 의식하지는 않지만, 문자 정보로만 기억하는 것보다 훨씬 선명한 이미지로 기억한다고 할 수 있다.

어떤 경우에도 활용 가능하다

장소법의 효과는 이만하면 입증된 것 같다. 그렇다면 다른 기억법과 비교했을 때는 어떨까?

세상에는 여러 종류의 기억법이 차고 넘친다. 그런데 왜 이 책에서는 군이 장소법을 최고라며 추천할까? 다른 기억법을 익힐 필요는 없을까?

결론부터 말하자면 대부분의 경우 장소법만 사용해도 충분하다. 왜냐하면 장소법은 높은 범용성을 갖추고 있으며 뛰어난 성과를 기대할 수 있기 때문이다.

일상생활에서는 장소법만 익혀두어도 거의 모든 경우에 적용할 수 있다. 장소법을 활용하면 프레젠테이션이나 강연에서 발표자가 말하는 내용을 기억하거나 책의 요지를 순서대로 외우고 전화번호를 암기할 수 있다. 이렇게 다양한 곳에 쓰이는 기억법은 또 찾아보기 어렵다.

사람의 이름과 얼굴을 일치시켜 외우는 경우에만 예외적으로 태그법이라는 훨씬 효과적인 방법이 있는데, 이에 관해서는 제5장에서 새로 소개하겠다.

장소법의 높은 범용성은 기억력대회에서도 진가를 발휘하고 있어 전체 10개 종목 중 7개 종목에 적용할 정도다. 물론 나머지 세 종목에도 장소법을 사용할 수 있다. 다만 나는 기억력대회의 참가자로서 경기 종목에 특화한 더욱 효과적인 방법을 사용한다는 뜻이다.

장소법 습득에 따른 효과를 직접적으로 말하자면, 내가 기억력대회 종목 중 스피드 넘버를 체험했을 때나 앞서 소개한 연구 사례들에서 이미 언급했듯이 기억할 수 있는 양을 현격히 늘릴 수 있다. 사물이 놓인 순서대로 외울 수도 있고 외우는 데 시간도 그다지 오래 걸리지 않는다. 또 단어를 나열된 문자 그대로 외우는 것이 아니라 또렷한 이미지로 기억하므로 떠올리기도 쉽다.

다른 기억법도 비슷하게 외우고 싶은 것을 이미지화해서 외우는 방식을 취하기도 하지만 장소법만큼 대량으로, 게다가 순서대로 외울 수 있는 기억법은 들은 적이 없다. 몇 가지 기억법을 시도하고 익혀보기도 했으나, 다양한 상황에 적용해본 결과 장소법이 가장 성취율이 높았으며 효율도 좋았다.

세계 챔피언도 애용하는 궁극의 기억법

장소법의 효력을 실감하는 사람은 나뿐만이 아니다. 내가 아는 한, 일본에서 높은 기록을 보유하고 있는 선수들은 모두 장소법을 사용하고 있다. 심지어 세계 기억력대회의 상위권 선수들도 장소법을 사용한다. 세계 챔피언 알렉스 멀렌 선수조차 자신의 웹사이트에 장소법을 사용하고 있다는 글을 올린 적이 있다. 기억력대회에서 가장 높은 기록을 보유하고 있는 세계적인 선수도 장소법을 사용하며 그 효과를 인정하고 있는 것이다. 이러한 사실만으로도 장소법이 세계 최강의 기억법이라는 것이 증명되지 않는가?

덧붙이자면, 나는 경기에 참여한 지 얼마 안 되는 햇병아리 선수에게도 장소법을 교육하고 있는데 그들도 장소법을 사용하면 빠른 시간 안에 높은 점수를 얻는다. 조금만 연습하면 효과를 바로 실감할 수 있다는 점에서도 강력한 기억법임을 느낄 수 있다.

장소법
훈련 방식

기다리고 기다리던 시간! 드디어 장소법 훈련 방법을 배워
볼 차례다.

범용성과 높은 성취율을 겸비한 방법이기는 하지만, 유일
하게 결점이 있다면 습득하는 데 시간이 걸린다는 점이다.
그리 오랜 시간이 필요한 것은 아니며, 수십 분이면 기초적
인 내용을 익힐 수 있고 그 효과를 체험할 수 있으니 마음

놓기 바란다.

기초를 습득한 다음에는 일상생활에서 효과적으로 사용할 수 있도록 훈련해야 한다. 장소법은 심오한 기억법이라서 아직 나도 완벽하게 활용하지는 못하고 있다. 그렇지만 일본 최상위권 선수들은 제대로 활용하고 있다고 자신하기 때문에 그곳에서 습득한 기술도 함께 소개하겠다.

장소법을 이미지화하기

우선 장소법이 무엇인지 대략적으로 알고 가자.

이 장을 시작하면서 최근 모임에 갔을 때 주변에 누가 앉았는지 기억하느냐고 물어보았다. 다시 한 번 모임 광경을 머릿속에 그려보자. 친구와 함께 갔던 식당이나 결혼식장 등도 상관없으니 마지막에 다녀온 장소를 떠올려보기 바란다. 눈을 감고 그려보면 훨씬 쉽게 떠오를 것이다.

머릿속에 이미지가 그려지는가? 그렇다면 같은 테이블에 누가 앉았는지, 당신의 오른쪽과 왼쪽, 또 맞은편에는 누가 앉았는지 가능한 한 선명하게 그려보자. 당신의 앞자리와 좌우에 앉았던 사람이 '장소'가 된다. 이 장소에 외우고 싶은 것들을 채워가며 상상의 나래를 펼치는 것이 바로 장소법이다.

예를 들어 사과라는 단어를 외우고 싶다면 오른쪽에 앉았던 사람이 사과를 들고 있는 모습을 떠올린다(오른쪽에 아무도 앉지 않았다면 왼쪽에 앉았던 사람이라도 상관없다). 상상으로 오른쪽 사람(실제로 자리에 함께 있던 동료나 친구처럼 구체적인 인물)에게 억지로 사과를 들게 한다. 이때 주의해야 할 점은 '사과'라는 문자를 들게 하는 것이 아니라 실제 과일을 들게 하는 것이다.

3장. 세계 최강의 기억법, '장소법'

들고 있게 했는가? 갑자기 사과를 건네받은 오른쪽 사람은 놀란 표정을 지을지도 모르겠다. 그 사람이 어떤 반응을 보일지는 당신밖에 모르겠지만, 상상 속에서 사과를 들게 했을 때의 반응도 함께 그려보자. 이미지를 선명하게 그리면 상상력이 저절로 발동하기도 한다.

다음으로 상어라는 단어를 외워보자. 마찬가지로 문자가 아니라 실제 동물 모양으로 상상 속에 등장시킨다. 그러나 안타깝게도 오른쪽 사람은 이미 사과를 들고 있다. 그렇다면 이번에는 맞은편 사람을 이용해보자. 상대에게는 미안하지만, 위에서 상어가 내려와 머리를 입속으로 삼키는 모습을 상상해보자. 굉장히 아프겠지만 머릿속에서는 어떤 상황을 그려도 괜찮으므로 미안한 마음은 접어두고 자유로이 상상해보기 바란다.

여기서 일단 상상을 끝내기로 한다. 수고한 당신에게 박수를 보낸다!

이제 기억을 떠올리는 단계로 넘어가보자.

방법은 매우 단순하다. 같은 장소에 한 번 더 방문해 당신이 했던 상상을 따라가면서 체험하기만 하면 된다.

자, 시작해보자.

최근에 참석한 모임의 자리를 한 번 더 떠올리자. 그리고 오른쪽을 보자. 오른쪽 사람이 무언가를 들고 있는가? 그렇다. 사과다. 다음으로 맞은편을 보자. 맞은편 사람은 불쌍하게도 상어에게 머리를 물리고 있다. 아마 기억을 더듬으려 하지 않아도 앞에서 그린 이미지가 저절로 떠오를 것이다. 결과적으로 외우려고 한 단어는 사과와 상어였음을 알게 된다.

이것이 바로 장소법이다.

장소법 훈련의 세 단계

어떤가? 세계 최강의 기억법이라는 거창한 수식어 때문에 훨씬 어려울 것이라고 생각했는가? 얼굴에 땀을 뻘뻘 흘리면서 초집중해 기억하는 것이 아니라 이미지를 풍부하게 떠올리기만 하면 되니 오히려 놀이에 가까운 과정일지도 모르겠다.

그런데 새로운 문제가 발생했다. 상상 속 모임에 참여한 사람 수보다 훨씬 많은 단어를 외워야 하는 상황이 생긴 것이다. 이 문제를 해결하려면 장소법을 사용하기 전에 미리 장소를 마련해두어야 한다. 모임에 참석하기 위해 딱 한 번 다녀온 식당이 아니라 훨씬 가깝고 익숙한 장소여야 많은 단어를 배치할 수 있다.

장소법을 사용하기 위해서는 장소를 만드는 단계가 필요하다. 한 번 만들어두면 여러 차례 재활용할 수 있으므로 처음에만 완벽하게 준비하면 된다.

그럼 장소법의 단계를 살펴보자.

STEP 0 플레이스 만들기
STEP 1 플레이스에 기억하고 싶은 것 배치하기
STEP 2 플레이스를 순서대로 더듬으며 기억한 것 꺼내기

0단계는 준비, 1단계는 기억, 2단계는 재생 단계이다.

목표는 무작위로 늘어놓은 단어 20개를 모두 순서대로 외우기. 이렇게 많은 단어를 외울 수 있다면 일상에서 무언가를 외울 때 어려움을 겪는 일은 없을 텐데 말이다. 게다가 20개의 단어를 순서대로 외워야 할 경우 기억법을 사용하지 않으면 좀처럼 실력을 발휘하기 힘들다. 즉 이것을 완벽하게 외울 수 있다면 장소법을 마스터했다고 봐도 된다. 함께 도전해보자!

【STEP 0】 플레이스 만들기

장소법을 사용하기 위해서는 한 번 가고 말았던 장소가 아니라 집이나 사무실처럼 친숙한 곳을 미리 준비해두어야 한다.

사무실이나 다녔던 학교, 단골 가게, 도서관, 가장 가까운 전철역에서 집까지 오는 길 등 여러 장소를 활용할 수 있다. 아마도 자기가 살고 있는 집이 가장 친숙할 것이다.

여기에서는 68쪽 그림과 같은 전형적인 원룸을 예로 들겠다.

장소법에서는 학교, 도서관, 집과 같은 장소를 '루트'(우리나라에서는 마인드 팰리스라고 한다 - 옮긴이)라고 부른다. 앞서 언급한 모임을 예로 들어 설명한다면 모임 장소였던 가게나 테이

원룸 단면도

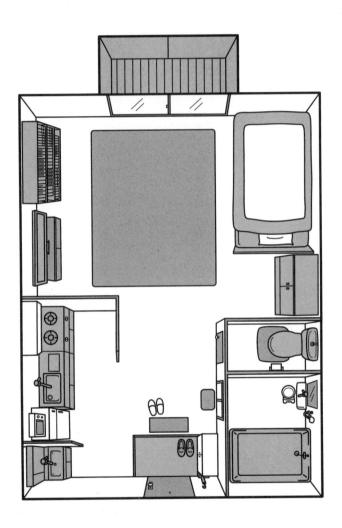

블 전체가 루트가 된다. 세세한 장소의 집합체가 루트라고 생각하면 된다.

루트를 정했다면 다음에는 그 루트 안에 구체적인 장소를 설정하자.

기억법을 사용해갈 때 실제로 사물을 배치할 곳을 말하며 방안에 보이는 현관이나 침대, 책장 등이 해당한다. 이렇게 루트 안에 있는 구체적인 곳곳을 '플레이스'(우리나라에서는 기반이라고 한다 - 옮긴이)라고 한다. 마찬가지로 앞에서 언급한 모임을 예로 든다면 오른쪽이나 맞은편에 앉은 사람이 플레이스가 되는 셈이다. 즉 하나의 루트 안에는 여러 개의 플레이스가 존재한다.

루트에 포함된 플레이스가 많으면 많을수록 기억할 수 있는 단어의 양도 늘어난다. 하지만 플레이스가 많아지면 그만큼 처리하기가 어려워진다.

우선 10개의 플레이스를 설정하도록 하자. 이번처럼 하나의 루트에 10개의 플레이스가 포함되는 곳을 갖고 있다면 '1루트 10플레이스의 장소를 갖고 있다'고 표현한다.

이제 이 원룸이라는 루트 안에 10개의 플레이스를 설정한다. 플레이스를 설정할 때 마구잡이로 해서는 안 된다. 플레이스는 더듬어가는 순서가 중요하다. 그러므로 순서를 잊지 않기 위한 자기만의 규칙이 필요하다.

원룸에 플레이스를 설정한 예

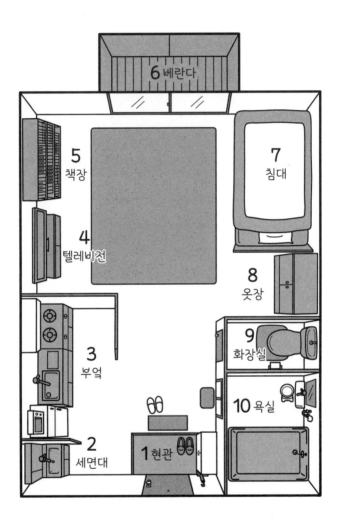

6 베란다

5 책장

7 침대

4 텔레비전

8 옷장

3 부엌

9 화장실

2 세면대

10 욕실

1 현관

규칙을 정하는 방식은 몇 가지가 있는데, 그 안에서 이동하는 순서나 장소를 위에서 보았을 때 시계 방향으로 돌아가기를 추천한다.

또 같은 플레이스를 반복해서 이용하는 것은 절대로 피해야 한다. 비슷한 플레이스도 사용하지 않는 게 좋다.

실제로 10개의 플레이스를 설정한 것이 70쪽에 나오는 그림이다.

그림 속의 숫자가 플레이스의 순서다. 첫 번째 플레이스(1플레이스)가 현관이고 2플레이스가 세면대, 3플레이스가 부엌……, 이런 순서로 이어지며 10플레이스인 욕실까지 설정되어 있다.

이번 플레이스 순서 설정 규칙은 위에서 보았을 때 시계 방향으로 정했다. 시작 지점에 있는 플레이스가 현관인 이유는 집에 들어왔을 때를 출발 시점으로 생각했기 때문이다. 집에 도착해서 현관문을 마주하면서 시작하고 그로부터 시계 방향으로 세면대, 부엌, 벽을 따라 텔레비전, 책장, 베란다, 침대, 옷장, 화장실, 욕실 순서로 이어진다.

플레이스는 나중에 추가하거나 순서를 바꾸는 등 수정할 수 있으므로 규칙을 정해서 일단 만들어놓자. 루트나 플레이스를 설정하는 구체적인 요령은 이 장 '20개 단어 한 번에 외우기' 항목에서 소개할 테니 참고하기 바란다.

그럼 직접 1루트 10플레이스의 공간을 만들어 아래의 표에 적어 넣어보기 바란다.

이상으로 0단계는 끝났다. 장소법을 사용해 기억하기 위한 준비는 마련되었다. 어서 다음 단계로 넘어가고 싶겠지만, 그 전에 한 가지 해두어야 할 일이 있다. 플레이스를 순서대로 외웠는지 확인하는 과정이다. 확인 방법은 간단하다. 머릿속으로 순서대로 1플레이스부터 10플레이스까지 기억해가는 것이다. 이때 앞의 원룸 그림처럼 위에서 내려다본 모습을 상상해서는 안 된다. 자신이 실제로 그 루트 안에 있고 플레이스를 순서대로 걸으면서 확인하고 있다고 상상하기 바란다. 설정한 플레이스 앞에 자신이 서 있고 그 플레이스를 바라보는 모습 말이다. 1플레이스인 현관 앞에

루트:

1	2	3	4	5
6	7	8	9	10

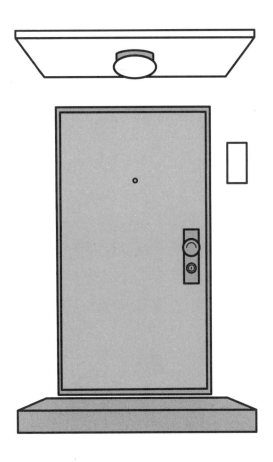

있다면 73쪽 그림과 같이 공간 이미지를 구체적으로 떠올려야 한다. 아직 익숙하지 않다면 눈을 감고 하면 쉽다.

이런 이미지를 10플레이스까지 순서대로 밟아갈 수 있다면 공간을 제대로 설정한 셈이다. 스스로 규칙을 정해 혼자 플레이스를 설정하면 2~3주 만에 반드시 순서대로 밟을 수 있게 될 것이다. 여러 번 해봐도 순서가 기억나지 않는다면 그다지 익숙하지 않은 장소를 루트로 정했거나 플레이스를 정하는 규칙이 애매하기 때문일 수 있다.

【STEP 1】 플레이스에 기억하고 싶은 것을 배치하기

이제 각 플레이스에 기억하고 싶은 단어를 배치해간다. 장소법에서 가장 중요한 '기억'에 해당하는 부분이다.

앞에서 만든 원룸 루트에 있는 10플레이스를 사용해 설명하겠다. 여기에서는 아래 표에 있는 단어 10개를 순서대

1	2	3	4	5
공	교과서	못	얼음	목걸이
6	7	8	9	10
토끼	칫솔	햄버거	에어컨	꽃

로 기억해보자. 1번부터 5번까지 5개 단어는 스토리 기억법으로 외운 것과 동일하다. 외우는 방법에 따른 차이에도 주목하기 바란다.

구체적으로는 첫 번째 단어가 1플레이스에 놓여 있다는 상상을 하고 두 번째 단어가 2플레이스에 놓였다는 상상을 하는 방식으로 열 번째 사물까지 10플레이스에 놓여 있는 상상을 한다.

방법 자체는 매우 단순하지만 놓는 방법, 상상 방식이 꽤 까다롭다. 기억 남기기에 매우 중요한 기술이므로 자세히 설명하겠다.

근본적으로 단어 순서에 따라 플레이스에 놓여 있는 이미지를 어떻게 그려야 할까? 단어를 구체적인 3차원의 이미지로 변환해 그 단어의 순서에 대응하는 플레이스에 존재한다고 상상해야 한다. 이미지로 변환하는 과정이 상당히 중요하며 단어를 단어인 채로, 즉 문자 정보로 취급해서는 안 된다.

구체적으로 원룸 루트를 사용해 이 단어들을 외울 때 어떤 상상을 하는지 예를 들어보겠다. 사람에 따라 상상하는 방법이나 단어를 보았을 때 그려지는 이미지가 다르므로 똑같은 방법으로 기억할 필요는 없다.

그럼 시작해보자.

첫 번째 단어를 보기 전에 자신이 1플레이스에 있다고 상상한다. 밖에서 현관문을 바라보는 모습이다. 이미지가 그려졌다면 첫 번째 단어를 본다. 공이라고 적혀 있으므로 공을 구체적으로 시각화한다. 3차원의 둥근 공이다. 현관문에 크고 둥근 공이 붙어 있는 모습을 그려본다. 현실적으로는 있을 수 없는 크기다. '현관문으로 이렇게 큰 공이 어떻게 들어가!' 하고 비난의 목소리가 들리는 것만 같다. 하지만 이 부분이 상당히 중요한 포인트임을 잊지 말자.

비난을 하는 것은 있을 수 없는 상황이라고 생각했기 때문이며 감정이 움직였다는 증거다. 감정이 움직이면 훨씬 기억에 남기 쉽다. 기쁨, 좋음, 싫음, 괴로움, 불가능 등의 감정은 기억에 오래 남는다. 그러므로 상상으로 그런 감정을 스스로 만드는 것이다. 자신의 감정을 흔들어놓을 정도의 이미지, 망상에 가까운 모습을 그릴 수 있다면 대부분의 단어는 잊히지 않는다.

감정을 흔드는 요령은 외우고 싶은 단어를 어마어마하게 크게 부풀리거나 무지막지하게 많이 늘리는 것이다. 나도 경기 중에 외우기 힘든 단어를 발견하면 일단 크기를 키우거나 수를 늘린다. 그렇게 함으로써 실제로는 있을 수 없는 이미지가 완성되고 쉽게 외울 수 있다.

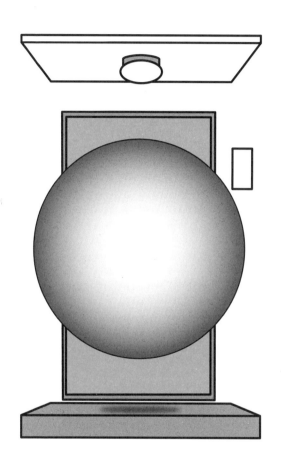

이제 다음 단어를 외워보자. 앞에서와 마찬가지로 단어를 보기 전에 먼저 2플레이스로 이동한다. 머릿속에서 2플레이스를 구체적으로 떠올린다. 이때 플레이스에서 플레이스로 이동하는 도중의 모습은 건너뛰어도 좋다. 현관에서 세면대까지의 동선은 아무래도 좋으므로 현관에 지나치게 큰 공이 있다는 상상을 했다면 세면대로 순간 이동해서 거울을 들여다보는 모습을 상상한다. 머릿속에서 세면대에 도착했다면 두 번째 단어를 본다. 교과서라고 적혀 있으므로 교과서의 이미지를 떠올려서 세면대에 둔다. 이번에는 크기가 아니라 수를 늘려볼까? 여러 권의 교과서가 거울 앞에 쌓여 있는 모습을 그려보자. 79쪽의 그림과 비슷한 느낌일 것이다.

원래 교과서가 공중에 떠 있는 모습은 만화에서나 가능한 일이다. 그래도 괜찮다. 교과서 한 권이 세면대 옆 바닥에 덩그러니 놓여 있는 모습을 상상하면 어떨까? 그런 이미지는 '아, 놓여 있구나.' 하는 생각에서 그친다. 납득이 되면 감정도 흔들리지 않으므로 기억에 남지 않는다. 그러니 평소와 같은 모습을 상상하지 않도록 주의하자.

이런 과정을 반복해서 10플레이스까지 간다면 기억 단계는 끝난다. 반드시 머릿속에서 사물을 배치해야 한다. 단어 10개를 모두 플레이스에 제대로 놓았는가?

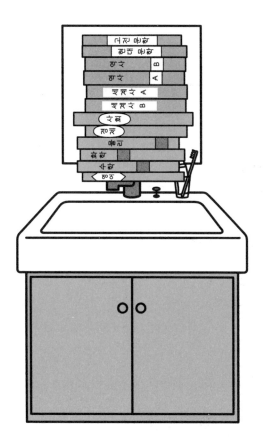

자신감이 붙은 사람은 곧바로 2단계로 넘어가서 외운 단어를 순서대로 꺼내보자. 불안한 사람은 복습 차원에서 장소를 한 번 더 돌아보면 된다. 1플레이스부터 10플레이스까지 돌아가면서 어떤 상상을 했는지 기억을 더듬는 것이다. 떠오르지 않는 플레이스가 있다면 훨씬 강렬한 이미지를 만들어내야 한다.

〔STEP 2〕
플레이스를 순서대로 더듬으며 기억한 것을 꺼내기

마지막은 플레이스를 순서대로 돌아보며 외운 것을 꺼내는 '재생' 단계다.

이번에도 방식은 지극히 단순하다. 암기를 위해 사용한 루트를 1플레이스부터 순서대로 그려가며 각 플레이스에 놓여 있는 사물을 바탕으로 단어를 맞추는 것이다.

바로 시작해보자.

우선 1플레이스로 간다. 현관을 그려보면 문에 커다란 공이 붙어 있는 모습이 보인다. 이미지가 떠오르지 않는다면 기억 방법이 잘못되었다는 뜻이다. 이미 이미지가 보이느냐 보이지 않느냐로 넘어간 문제이므로 무엇이 있었는지 기억해내려고 애쓰는 건 의미가 없다.

1플레이스에서 공이라는 이미지가 떠올랐다면 "공"이라

고 답한다. 그런데 이 과정이 의외로 어려워서, 예를 들면 구나 풍선, 축구공 등과 같은 답이 떠오를지도 모른다. 이런 오류는 이미지로 변환한 것을 원래대로 되돌리지 못했을 때 일어난다.

'이미지를 단어로 되돌릴 때 어떻게 하면 실수하지 않을까?' 하는 부분은 상당히 어려워서 기억력대회에 참가하는 선수들도 종종 단어를 틀린다. 이미지로 기억하는 이상 세세한 단어의 뉘앙스까지 파악하기는 어려우니 어쩔 수 없는 일이다. 하지만 대회에 참가하지 않는 이상, 일상생활에서 기억법을 사용한다면 뉘앙스의 차이 정도는 별로 지장을 주지 않으므로 이 부분은 가볍게 넘기도록 하자. 재변환 과정에 실수가 생긴다는 것은 이미 단어를 문자 정보로서가 아니라 이미지로 기억하고 있다는 증거다. 결국 기억법을 제대로 사용하고 있다는 뜻이다.

재생을 위해 1플레이스에 가서 공을 떠올렸다면 2플레이스로 이동해 교과서를 떠올리고……, 이런 방식으로 10플레이스까지 가보자. 어느 정도 기억하고 있는가?

이미지가 바로 떠올라서 감정까지 움직이는 기상천외한 공상을 했다면 10개 단어 모두를 자연스럽게 기억하고 있을 것이다.

그런데 우리가 이 장에서 장소법으로 외운 단어 10개를 기억법의 힘을 빌리지 않고 평소대로 외우려면 얼마나 노력해야 할까? 단어를 하나도 빠트리지 않고 순서대로 답하는 것은 매우 어려운 일이다. 장소법의 즉각적인 효과를 실감했으리라 믿는다.

Let's try

장소법으로 단어 10개 외우기

다음의 단어를 장소법을 사용해 정확하게 순서대로 외운 후 답해봅시다(시간 제한은 없습니다).

같은 장소를 이용해서 다른 새로운 단어를 외우려고 하면 이전의 이미지가 남아 혼동을 초래할 수 있습니다. 그럴 때는 시간을 두고 다시 도전하면 됩니다. 98쪽에 실린 칼럼을 참고하세요.

장소법 연습문제 1. 단어 10개 ①

1	2	3	4	5
자동차	모자	스프	동전	손
6	7	8	9	10
메달	책	핫팩	씨름	말

장소법 연습문제 2. 단어 10개 ②

1	2	3	4	5
휠체어	줄다리기	올빼미	얼음	한복
6	7	8	9	10
제비	만두	신발	장어	전구

20개 단어
한 번에
외우기

연습문제는 어땠는가? 단어 10개를 외울 수 있게 되었다면 드디어 목표했던 단어 20개 암기에 도전할 차례다. 성공한 다면 일상에서 외워야 하는 것들 대부분에 장소법을 응용 할 수 있다. 한번 해보자.

이제 여러분은 '1루트 10플레이스의 장소'를 사용할 줄 알게 되었다. 좀 더 많은 20개의 단어를 외우려면 크게 두

가지 방법을 익혀야 한다. 바로 '장소(루트나 플레이스) 늘리기'
와 '한 플레이스에 두는 단어 수 늘리기'다.

친밀한 공간으로 기억저장소와 플레이스 늘리기

10플레이스까지였던 것을 20플레이스까지 늘리면 20개
의 단어를 외울 수 있다. 그러므로 1루트 10플레이스의 장
소을 하나 더 준비하는 것도 좋은 방법이다. 장소를 늘리는
작업은 간단해 보이지만 실제로 시도해보면 의외로 어려움
을 느끼게 된다. 기억법을 가르치다 보면 장소법을 습득할
때 가장 진도가 나가지 않는 부분이 바로 0단계에 해당하는
'플레이스 만들기'이다.

장소를 늘리려면 어떻게 해야 할까?

역시 친밀한 곳을 이용하자. 제일 이용하기 편한 곳은 집
이다. 본인이 살고 있는 집뿐만 아니라 과거에 살았던 집,
고향, 할아버지·할머니의 집, 친구네 집, 연인의 집, 자주
숙박하는 호텔이나 여관도 상관없다. 집이 가장 외우기 쉬
운 편이라서 그런지 한 번밖에 가지 않은 친구의 집이라도
방 구조나 가구 배치가 의외로 기억에 남아 있다. 직장이나
학교도 설정하기 쉬운 편에 속한다. 현재 학교에 다니고 있

지 않아도 과거에 다녔던 대학교 캠퍼스나 고등학교, 중학교 혹은 초등학교 건물도 쉽게 잊히지 않는다. 학교는 면적이 넓으므로 하나의 루트에 수십에서 수백 가지 플레이스를 설정할 수 있다.

오래 머무는 곳일수록 친숙하다고 할 수 있으므로 자주 다니는 가게나 도서관, 박물관, 쇼핑몰이나 전철역 등도 루트로 적당하다. 익숙할수록, 이미지가 또렷하게 남아 있을수록 사용하기 쉽다는 뜻이다.

무엇보다 자신이 좋아하는 장소를 루트로 정하는 게 안전하다. 나는 디즈니 애니메이션을 아주 좋아해서 도쿄 디즈니 리조트를 루트로 사용한다. 면적도 넓고 특징적인 건물이 많으므로 100곳 이상의 플레이스를 설정할 수 있다. 연습을 거듭할 때마다 가상이긴 하지만 수시로 방문하는 느낌이라 디즈니 리조트에 얼마나 많이 갔는지 헤아리기 벅찰 정도다. 게다가 매번 다른 단어를 배치하므로 매번 다른 공상을 할 수 있다.

본인이 좋아하는 곳을 루트로 이용하면 외우는 과정도 즐거워진다.

비슷한 장소를 중복 사용하지 마라

플레이스를 설정할 때 비슷한 곳은 피해야 한다.

집을 루트로 하는 경우, 집에 화장실이 두 곳 있다고 가정하자. 이때 화장실 두 곳을 모두 플레이스로 설정하면 어느 화장실에서 어떤 단어를 상상했는지 헷갈린다. 또 직장을 루트로 하는 경우에는 배열된 책상을 모두 플레이스로 하면 플레이스 수는 많이 확보할 수 있으나 책상들이 뒤엉켜 정확한 단어를 기억하기 어렵다.

장소법을 가르치다 보면 출퇴근 경로 등 길을 루트로 설정하려는 사람이 종종 눈에 띄는데, 이것 역시 피하는 게 현명하다. 이 길, 다음 골목, 저쪽 길 등을 플레이스로 설정해봤자 이미지가 비슷비슷해서 구분해서 외우기 어렵기 때문이다.

이렇듯 하나의 루트 안에 비슷한 플레이스가 여러 개 존재하도록 설정하는 방식으로는 효과를 보기 어렵다.

또 플레이스를 설정할 때는 장소를 대충 그리기보다 세세한 곳까지 구석구석 이미지를 만들어가도록 하자. 앞에서 제시한 단어들을 예로 들면, 3플레이스인 부엌에 세 번째 단어인 못을 놓을 때 수도꼭지나 가스레인지, 냉장고 안 등을 플레이스로 정해두는 것이다. 부엌 전체를 플레이스로 정하면 못이 바닥에 흩어진 모습 등 지극히 상식적인 상상에 그치게 되지만, 부엌의 수도꼭지를 플레이스로 정하면 수도꼭지에서 못이 쏟아져 나와서 싱크대에 박혀버린다고 상상할 수 있다. 이렇게 하면 쉽게 외울 수 있을 것이다. 부엌을 플레이스로 사용할 때에는 매일 수도꼭지를 사용한다고 정해두고 어떤 단어가 와도 반드시 수도꼭지에서 흘러나오는 이미지로 만들면 간단히, 그리고 선명하게 기억할 수 있다. 나는 이것을 '수도꼭지 이론'이라고 부르며 학생들에게 가르치고 있는데, 효과는 기대 이상이다.

덧붙여, 기억력대회에 참가하는 선수들은 장소를 얼마나 갖고 있을까? 나는 20루트, 최대 400플레이스 정도를 보유하고 있다. 대회에 나가는 선수라면 기본적으로 100플레이스 정도는 갖고 있는 듯하다. 최상위권 선수 중에는 플레이스 수천 개를 보유한 사람도 있다.

한 곳에 두는 단어 수를 늘리려면 '2 in 1 메소드'

외울 수 있는 양을 늘리는 또 한 가지 방법은 하나의 플레이스에 두는 단어 수를 늘리는 것이다. 말하자면, 한 플레이스에 두 단어를 두는 방식이다.

즉 1플레이스인 현관에 공과 교과서가 함께 놓여 있는 모습을, 그리고 2플레이스인 세면대에는 못과 얼음이 놓여 있는 모습을 상상하는 것이다. 이 방법을 나는 '2 in 1 메소드'라고 부른다(한 플레이스에 한 단어를 두는 방법은 '1 in 1 메소드'다).

2 in 1 메소드의 강점은 플레이스의 낭비를 막을 수 있다는 점이다. 또 한 플레이스에 두 단어를 둠으로써 한쪽 단어가 좀처럼 떠오르지 않을 때 다른 한 단어가 힌트가 되어 기억해내 데 도움이 되기도 한다.

단점은 두 단어의 순서를 알기 어렵다는 점이다. 공과 교과서를 문에 붙이는 이미지를 만들어둔다 해도 어느 쪽이 먼저 등장하는 단어인지 알기 어렵다.

이 단점을 극복하기 위해서는 제2장에서 소개한 스토리 기억법을 조합하면 효과적이다. 한 플레이스 안에 두 개의 단어가 들어가는 스토리를 만들어 외우는 방식이다.

예를 들어 이런 상상을 해보자. '현관에서 공을 차고 있었다. 그러다 문을 향해 커다란 공을 찼더니 쌓아놓았던 교과서 더미에 맞았다.' 외울 때 단어가 거꾸로 교과서가 먼저, 공이 나중의 순서로 배치되었다면 '문에 여러 교과서를 가득 붙이며 놀고 있었는데 하늘에서 벌을 주듯 공이 떨어졌다.'와 같이 상상한다. 완전히 다른 스토리가 되지 않는가?

단어를 20개 외울 때에는 플레이스를 늘려 20플레이스에 단어 하나씩을 배치하거나(1 in 1 메소드), 기존에 만들어놓은 10플레이스 안에 한 플레이스당 두 단어를 배치하는(2 in 1 메소드) 방식을 사용해보기 바란다. 나는 후자의 방법으로 훈련한다.

동사나 추상 개념을 외워야 할 때

외워야 할 단어는 공이나 교과서 등 간단한 명사에 국한되지 않는다. 동사나 추상적인 개념을 외우고자 할 때에는 이미지화하기 쉬운 동작이나 상황으로 바꾸는 게 요령이다.

가령, '달리다'라는 동사라면 달리고 있는 모습이 당장 떠오르지만, '검색하다'나 '추측하다'와 같은 동사는 좀처럼 구체적인 이미지가 떠오르지 않는다. 그럴 때는 해당 동사의 이미지에 최대한 가까운 모습을 만들어보자. '검색하다'라면 컴퓨터로 무언가를 필사적으로 조사하고 있는 사람을 그려보자. 컴퓨터 자체만 상상해서는 동사를 효과적으로 기억하기 어려우므로 누군가가 전투적으로 검색하고 있는 장면을 그려보는 것이다. '추측하다'의 경우에는 안경을 쓴 과학자가 전자계산기를 들고 계산하고 있는 이미지를 그려보면 어떨까?

추상적인 개념도 마찬가지다. '시대'라는 단어를 기억해야 한다면 시대를 표현하는 달력이나 큰 시계를 그려볼 수 있다. 또는 시대라는 단어로 연상되는 소녀시대와 같은 아이돌 그룹이나 시대라는 제목의 노래를 부른 가수를 떠올려보는 것도 좋은 방법이다.

장소법으로 단어 20개 외우기

다음의 단어를 장소법을 사용해 정확하게 순서대로 외운 후 답해봅시다(시간 제한은 없습니다).
한 번에 모두 달성하려고 무리하지 말고 연습문제를 하루에 하나씩 차근차근 연습합시다.

장소법 연습문제 3. 단어 20개 ①

1	2	3	4	5
유도	솜사탕	지구본	의자	멜론
6	7	8	9	10
쌀가마니	자동차	불꽃놀이	가위	요구르트
11	12	13	14	15
주사위	꽃다발	선생님	맥주	종이박스
16	17	18	19	20
밭	책받침	리모컨	벚꽃	파라솔

장소법 연습문제 4. 단어 20개 ②

1	2	3	4	5
귤	지지대	화분	우유	엽서
6	7	8	9	10
의사	본드	국화	참치	코트
11	12	13	14	15
도시락	프린터	종이봉투	애드벌룬	항구
16	17	18	19	20
샐러드유	해바라기	지우개	식빵	재떨이

장소법 연습문제 5. 단어 20개 ③(추상 개념 등 포함)

1	2	3	4	5
여객선	전통	선인장	성인식	숯
6	7	8	9	10
노래하다	우주	트로피	창문	떡
11	12	13	14	15
미국	아름답다	스트레칭	생각하다	책갈피
16	17	18	19	20
회의	생쥐	스트레스	개념	회

장소법 연습문제 6. 단어 20개 ④(추상 개념 등 포함)

1	2	3	4	5
설명하다	머리카락	전화	세뱃돈	오늘
6	7	8	9	10
냉장고	의심하다	자매	커피	계단
11	12	13	14	15
스키	조망	상담	도서관	맞춤법
16	17	18	19	20
착각	우표	이과	크림	계절

장소법 연습문제 7. 20개 단어 ⑤ (추상 개념 등 포함)

1	2	3	4	5
샌드위치	팔레트	돌멩이	물리학자	음식
6	7	8	9	10
총	반증하다	재개하다	우산	이젤
11	12	13	14	15
비틀다	책상	작업복	독	경기장
16	17	18	19	20
제휴	마스코트	유감	외교관	다락방

기억저장소 돌려쓰기와 고스트 잡기

연습문제를 통해 같은 장소를 여러 차례 이용해서 단어를 기억하는 훈련을 해보았다. 새로운 단어를 외우려는데 이전 단어의 이미지가 남아 있어 혼란스러웠을지도 모르겠다. 하지만 너무 걱정하지 않아도 된다. 기억력대회에 참가하는 선수들도 자주 겪는 일이다. 같은 장소를 반복해서 사용했을 때 이전의 이미지가 방해하는 것을 '고스트가 남아 있다'고 표현하기도 한다.

우선 고스트가 남아 있음을 좋은 징조로 받아들이자. 그만큼 강력한 상상력을 발휘했다는 뜻이며, 장소법을 정확하게 구사했다는 증거다. 그러나 고스트가 남아 있다면 새로운 단어로 이미지를 그릴 때 방해가 되기는 할 것이다. 끈질긴 고스트는 퇴치해야 한다.

고스트 퇴치 방법은 매우 쉽다. 한 번 사용한 장소

를 다시 이용할 때 시차를 두기만 하면 된다. 아무 것도 하지 않는 게 정답인 것이다! 한 번 사용한 장소를 잠시 내버려두면 시간이 흐를수록 고스트는 사라져간다. 얼마나 시간을 두어야 하는지에는 개인차가 있으나 대체로 한 번 잠을 자면 대부분 사라진다.

이는 결국 한 번 이미지를 두었던 장소를 그날 안에 재사용하는 것은 바람직하지 않다는 뜻이다. 같은 날에 새로운 단어를 외우고 싶다면 다른 장소를 사용해야 한다. 대부분의 장소에 고스트가 남아 있다면 그날 연습은 마치도록 하자. 만들어둔 장소가 적을 때는 하루에 외울 수 있는 양에 한계가 있다. 그러므로 연습문제를 하루 만에 허둥지둥 해결하려 할 필요가 없다. '장소는 한 번에 만들고 연습은 매일 조금씩.' 이것이 장소법을 마스터하기 위해 지켜야 할 철칙이다.

덧붙이자면 대부분의 고스트는 하루가 지나면 사라지지만, 이따금 같은 공간에 끈덕지게 남아 있는 고스트가 있다. 강렬한 이미지를 그렸을 때나 중요한 장면에서 외웠을 때 고스트는 오래도록 모습을 드러낸다. 나도 2년 전 일본 대회에서 부엌에 놓아 두었던 콩 주머니 이미지가 아직도 기억 속에 남아 있다.

기억법으로 외운 것을
장기 기억으로 저장하기

장소에 한 번 두었던 이미지는 하루만 지나면 거의 사라진다. 기억법은 하루 정도의 짧은 기간 동안 외워두기에 유효한 기술이라는 의미이다. 장기간 보존해야 하는 기억은 같은 곳에 계속 두면서 훈련하면 오래 간직할 수 있다.

이 말을 바꿔서 생각하면 새로 사용할 수 있는 장소가 점점 줄어든다는 뜻이기도 하다. 그렇다고 해서 장소를 늘리기만 하면 과부하가 걸린다.

장소에 의지하지 않고 기억을 오래 보존하기 위해서, 즉 기억법으로 외운 단기 기억을 장기 기억으로 정착시키기 위해서는 어떻게 해야 할까?

많은 단어를 장기간 기억하고 싶은 경우는 다시 그저 많이 외워두면 될 때와 순서까지 완벽하게 기억해야 할 때로 나눌 수 있다. 전자는 영어 단어를 정리해서 외우는 경우에 해당한다. 제7장에서 자세하게 소개하겠지만, 영어 단어를 외울 때에는 단어장 대신 장소를 사용한다. 장소에 영단어를 표현할 수 있는 이미지를 그려두고 머릿속에 단어장을 만드는 것이다. 이렇게 하면 어디에서든 늘 반복적으로 단어를 끄집어내어 복습할 수 있다.

여러 차례 복습을 하고 영어 단어와 같은 의미의 자국어를 연결시킬 수 있게 되면 더 이상 장소는 필요 없다. 제대로 외우기만 하면 단어장을 가지고 다닐 필요가 없어지는 것과 마찬가지다. 중학교 1학년 때 만든 'apple : 사과'가 적힌 단어장을 늘 들고 다니는 사람은 없지 않은가? 이 경지에 이르면 장소는 무용지물이다. 머릿속 단어장을 사용하지 않아도 장기 기억으로 온전하게 새겨져 있기 때문이다.

순서까지 완벽하게 맞추어 장기 기억으로 정착시키고 싶다면, 복습만이 살 길이다. 순위를 외우고 싶다거나 문장을 암기하는 등 순서까지 완벽하게 외워야 하는 경우에는 이미지가 저장된 장소를 순서대로 더듬으며 떠올리기를 여러 차례 반복하자. 그러면 어느 틈에 장소를 더듬지 않아도 모두 떠오르는 순간이 찾아온다. 장소법을 이용해 입력과 출력을 동시에 할 수 있게 되면 어느새 아무런 도구 없이도 단어들이 술술 튀어나오게 될 것이다. 머리보다 입이 먼저 단어를 기억해내는 셈이다. 이 상태가 되면 게임 끝! 순서까지 정확하게 장기 기억에 정착했다고 보면 된다.

기억법은 단기간에 대량의 정보를 기억할 수 있게 해준다는 장점을 가졌지만 하룻밤만 지나면 대부분을 잊어버리게 되므로 벼락치기용이라고 생각할지도 모르겠다. 하지만 확실하게 복습을 거듭하면 장기 기억으로 정착시킬 수 있다. 단기 기억으로 끝낼지, 복습을 통해 장기 기억으로 남길지 본인의 목적에 맞추어 판단하고 훈련해서 도움을 얻기 바란다.

4장

숫자 암기의 신,
'변환법'

숫자를
이미지화하려면?

여기까지 함께한 여러분은 이제 장소법을 이용해 20개의 단어를 외울 수 있게 되었으리라 믿는다. 그런데 일상생활에서 외우고 싶은 내용은 여러 자리의 숫자인 경우가 많다. 숫자는 어떻게 외우면 좋을까?

이 역시 방법은 매우 단순하다. 단어를 플레이스에 둘 때와 마찬가지 요령으로 숫자를 두기만 하면 되며, 20자릿수

까지 외울 수 있다. 단지 단어를 외울 때처럼 단어와 이미지
가 완전히 일치하지는 않는다.

단어를 외울 때에는 외우고 싶은 단어를 구체적인 이미
지로 상상해야 했다. 단순한 문자 정보가 아니라 '사물'로서
인식해야 기억 속에 완전히 남길 수 있었다.

그러나 숫자를 구체적인 사물로 표현하기는 어렵다. 3이
라는 숫자를 보아도 당장 무언가 구체적인 이미지로 변환
하기 어렵지 않은가? 그래서 숫자를 외우려면 숫자에 대한
이미지를 준비하는 사전 작업을 거쳐야 한다. 숫자를 이미
지로 변환할 수 있다면 단어처럼 외울 수 있다.

숫자 외우기 3단계

숫자를 기억할 때에는 세 단계를 거친다.

STEP 1 변환법을 사용해 숫자를 단어로 바꾸기
STEP 2 단어를 이미지화하기
STEP 3 스토리 기억법이나 장소법을 사용해 기억하기

지금까지와 다른 점은 맨 처음에 '숫자를 단어로 바꾸는'

단계가 들어가야 한다는 것이다.

예를 들어 1이라는 숫자에 비슷한 모양의 굴뚝 이미지를 덧붙여 플레이스에 두거나 스토리를 만들어내는 방법이다. 여러분은 이미 스토리 기억법이나 장소법을 익혔을 테니 2단계와 3단계는 가능할 것이다. 그러므로 여기에서는 1단계를 자세하게 살펴보겠다.

변환법을
사용해
숫자 외우기

숫자를 단어로 바꿔라

숫자를 외우려면 사전에 숫자 변환표를 준비해두는 게 좋다. 변환표를 한 번 익혀두면 숫자를 단어보다 훨씬 쉽게 외울 수 있다. 하지만 변환표 만들기는 여간 힘든 작업이 아니다. 여기에서는 각 숫자를 모양이 비슷한 것으로 바꾸어

숫자 변환표

숫자	0	1	2	3	4
단어	달	굴뚝	거위	귀	화살
숫자	5	6	7	8	9
단어	자물쇠	너구리	나팔	달마	올챙이

주는 '숫자 변환표'를 만들었다.

단어와 스토리를 활용한 숫자 외우기

　그럼 곧바로 5자리 숫자 '47459' 외우기에 도전해보자. 이 정도 자릿수라면 기억법의 도움을 받지 않아도 거뜬히 외우겠지만, 우리는 기억법을 훈련하는 게 목적이므로 변환표를 이용해 시도해보자. 스토리 기억법이나 장소법, 무엇을 사용해도 상관없으나, 자릿수가 적으니 이번에는 스토리 기억법을 사용하자.

　먼저 '47459'에서 첫 번째 수인 4를 보자. 앞의 숫자 변환표를 바탕으로 이 숫자를 단어로 변환한다. 변환표에서 4에 해당하는 단어는 화살이므로 머릿속에 화살 이미지를 그린다. 다음으로 두 번째 수인 7을 나팔로 변환해 그 모습을 떠올린다. 그리고 앞의 화살과 나팔 이미지가 이어질 만한 스토리를 만든다. '화살을 던졌더니 나팔에 꽂혀버렸다' 등이다.

이때 나팔이 먼저 나오는 이야기를 꾸며서는 안 된다. 그렇게 하면 숫자의 순서도 '74'로 바뀌어 다르게 기억된다. 이에 유의하면서 같은 방식으로 계속 이어가자. 세 번째 숫자는 4이므로 다시 화살 이미지가 나온다. '나팔에서 화살이 줄기차게 날아왔다'와 같은 모습을 그린다.

이처럼 변환법을 이용해 숫자를 외울 때에는 같은 이미지가 여러 차례 나오기도 한다. 혼동하기 쉽다는 약점이 있지만 미리 만들어둔 변환표 속 이미지만 나오기 때문에 기억하기 쉽다는 강점도 있다.

네 번째 숫자인 5는 열쇠, 마지막 9는 올챙이다. 각각 '나팔에서 날아온 화살을 상자에 넣어 자물쇠를 잠갔다', '자물쇠가 걸린 상자 주변으로 엄청나게 많은 올챙이가 모여들었다'라는 스토리를 짰다. 각각을 한데 모아보면 다음과 같은 스토리가 완성된다.

──────── 화살을 던졌는데 나팔에 꽂혀버리더니,

4장. 숫자 암기의 신, '변환법'

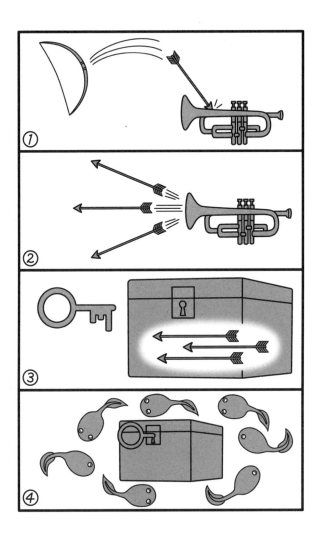

안에서 다시 화살이 튀어 날아왔다. 그것을 담으려고 상자에 넣어서 자물쇠로 잠그니 그 주위로 엄청나게 많은 올챙이가 모여들었다.

이 스토리가 '47459'라는 5자릿수를 표현하고 있다.

기억을 재생할 때도 단어의 경우와 다르게 하나의 과정이 덧붙는다. 바로 떠오른 단어를 하나씩 숫자로 다시 돌려놓는 작업이다. 앞에서 완성한 스토리를 떠올려 화살은 4, 나팔은 7, 이런 식으로 재변환하면 된다.

숫자를 외우는 일은 변환법을 두 번 사용해야 하므로 꽤 어려운 작업처럼 느껴질지도 모르겠다. 그러나 변환표에 익숙해지기만 하면 단어보다 훨씬 간단하게 기억할 수 있다. 기억법을 사용할 때 본인이 이미지화하기 쉬운 단어만 변환표로 만들면 된다는 이점이 상당히 크기 때문이다.

나도 1분 동안 외울 수 있는 단어의 양은 고작 50개 정도이지만, 숫자라면 100자리는 거뜬히 외운다. 세계 기록도 숫자가 훨씬 많다.

숫자는 기억하기 어려울 것 같지만 변환표를 직접 만들어보고 반복해서 시도해보면 분명 많은 양의 숫자를 외울 수 있다. 포기하지 말고 연습해보자.

나만의 변환표 만들기

예로 든 숫자 변환표를 계속 사용해도 상관은 없지만, 변환표는 본인이 직접 만들어서 사용하는 게 제일 기억하기 쉽다. 만드는 과정은 조금 수고스럽지만 요령만 알면 된다.

'0=포도, 1=선글라스, ……, 9=도쿄타워'와 같은 변환표를 만들었다면 좀처럼 외우기 힘들 것이다. 왜냐하면 0을 포도로 정한 이유도, 1이 선글라스일 이유도 없기 때문이다. 앞의 예처럼 숫자와 단어 사이에 특수한 관계가 있어야 훨씬 외우기 쉽다.

변환표를 만드는 데에는 두 가지 법칙이 있다.

① 숫자 모양과 연결시키기

110쪽의 숫자변환표 예시처럼 숫자 형태에서 연상되는 단어로 바꾸어주는 방법이다. 0은 둥근 공, 1은 길고 가느다란 지팡이로 바꾸는 식이다.

② 발음 활용하기

역사적인 사건이 일어난 연도를 외우거나 텔레비전 광고 등에서 전화번호를 전할 때 사용하는 언어유희도 숫자 발음과 단어를 연결한다는 점에서 유용한 변환법이다. 0이라면 제로의 '제'나 영의 '영', 오의 '오'로 시작되는 단어를 선택해 이 방식을 9까지 동일하게 적용해가며 만들면 된다.

변환표를 만들 때 주의점

변환표를 만들 때 주의해야 할 점이 몇 가지 있다. 0부터 9까지의 모든 숫자는 반드시 같은 규칙으로 변환해야 한다. 그리고 변환 후의 단어는 구체적인 이미지로 떠올릴 수 있는 것이어야 하며 각각의 이미지가 비슷해서도 안 된다.

같은 규칙으로 변환하라는 말은 0은 발음에 따라 '오이', 1은 형태가 비슷한 '연필' 등과 같이 다른 방식을 섞어 써서는 안 된다는 뜻이다. 규칙이 뒤섞여 있으면 '이 숫자는 어느 규칙으로 변환했더라?' 하고 혼동을 일으켜 변환한 숫자를 기억하는 데 애를 먹는다.

그리고 변환 후의 단어는 당장 구체적으로 떠올릴 수 있는 것이어야 한다. 0을 '영광'으로 변환하겠다고 해도 영광이라는 추상명사를 곧바로 사물로 이미지화하기는 어렵다. 동사나 추상명사는 피하고 일반명사를 사용하도록 하자.

변환 후의 단어끼리 비슷한 이미지가 되지 않도록 하는 것도 중요한 점이다. 발음 활용의 법칙대로 0은 영국, 1은 일본, 2는 이탈리아 등 국가만으로 변환표를 만들면 표 자체는 외우기 쉬울지도 모르지만, 실제로 플레이스에 배치해서 외웠다가 나중에 떠올리기가 굉장히 어렵다. '여기에다 무얼 두었더라? 국가 이름인 것은 알겠는데……' 하며 헷갈려하는 사태에 빠질지도 모른다. 비슷한 특징을 가지지 않는 단어, 카테고리나 형태가 다른 단어를 설정하도록 하자.

한 번 변환표를 정했다면 무슨 일이 있어도 그 표대로 변환해야 한다. 0을 오토바이라고 정했다면 플레이스에 넣기 어렵다고 해서 자전거로 바꾸어서는 안 된다는 말이다. 그럼 이상의 주의점을 염두에 두고 변환표를 만들어보자.

나만의 변환표

숫자	0	1	2	3	4
단어					
숫자	5	6	7	8	9
단어					

기억법+변환법으로 20자리 숫자 외우기

다음의 숫자를 기억법과 변환법을 사용해 정확하 게 순서대로 외운 후 답해봅시다(시간 제한은 없습니다).

변환법 연습문제 1.

6185158198

변환법 연습문제 2.

6521595526

변환법 연습문제 3.

5504236641 7838296554

변환법 연습문제 4.

3572239289 3090295059

효과적으로 숫자를 외우는 '2자릿수 이미지법'

본문에서 0~9까지의 숫자를 각각 단어로 변환하는 방법(이것을 1자릿수 이미지법이라 한다)을 소개했지만, 기억력대회에 출전하는 선수들은 효과적으로 숫자를 외우기 위해 훨씬 고도의 시스템을 구사한다.

그중 하나가 '2자릿수 이미지법'이다. '00~99'까지 숫자를 단어로 변환하여 2자릿수를 한꺼번에 하나의 이미지로 외우는 방법이다. 따라서 변환표에는 00~99까지 총 100개의 숫자와 변환할 단어가 등장하지만 같은 수의 장소를 사용하면서 외울 수 있는 자릿수는 두 배로 확보할 수 있다. 물론 변환표를 만드는 것도, 외우는 것도 1자릿수 이미지법보다 훨씬 어렵다. 기억력대회를 준비하는 사람이 맞닥뜨리는 장애물이 이것이다. 이를 극복한다면 일상생활의 거의 모든 상황에 대응할 수 있을 것이다. 또 숫자 암기가 개인기라고 당당하게 말할 수 있는 수준에까지 도달할 수 있을 것이다.

훨씬 고차원적인 시스템인 '000~999'까지의 숫자를 각 단어로 변환하는 3자릿수 이미지법, 심지어 4자릿수 이미지법을 사용하는 선수도 가끔 있다. 나는 'PAO시스템'(Person-Action-Object, '사람-행동-대상=주어-목적어-동사' 시스템. 보통 주목동 시스템이라고 한다-옮긴이)이라는 조금 색다른 변환 방법을 응용한 'PAOO시스템'을 직접 고안해 사용하고 있다. 이 방법을 쓰면 한 플레이스에 8자릿수를 저장할 수 있다.

이처럼 기억법이란 기초적인 기술을 습득하여 적용하는 데 그치지 않고 사용하는 시스템을 이리저리 연구하면 할수록 성과가 크게 달라져 오묘한 재미를 준다.

5장

저절로 이름이 외워진다,
'태그법'

사람들에게 언제 '기억력이 좀 더 좋았으면……' 하는 생각이 드는지 물어보면 한결같이 이름이 떠오르지 않을 때라고 대답한다.

얼굴과 이름 연결하여 외우기는 기억력대회에도 들어 있는 종목이지만 전략 짜기가 여간 어려운 게 아니다. 왜냐하면 지금까지 이 책에서 배운 장소법을 활용하지 못하기 때문이다.

　장소법은 대량의 단어를 순서대로 외울 때 진가를 발휘한다. 그러나 얼굴과 이름을 외울 때에는 순서가 상관없다. 이름을 외울 때에는 얼굴과 이름을 1대 1로 대응시키는 완전히 다른 방식의 암기법이 요구된다.

　나는 사람과 이름을 일치시키는 이 종목으로 일본 기록을 보유하고 있다. 기록은 1분에 29명으로 거의 2초에 한 명씩 이름과 얼굴을 외운 셈이다. 이때 사용한 기억법이 태그법이다. 대회에서 높은 점수를 얻기 위해 내가 고안한 방법인데, 얼굴과 이름을 매치시킬 수 있을 뿐 아니라 그 사람이 속한 회사나 직함 등도 함께 외울 수 있으므로 일상생활에 큰 도움이 된다. 장소법이 충족하지 못하는 부분을 채워주는 이 방법을 여러분에게도 소개해주고 싶다.

태그법
훈련 방식

사람의 얼굴과 이름은 왜 기억하기 힘들까?

그 이유는 특정 사람의 얼굴이 반드시 그 이름이어야 할 필연성이 없기 때문이다. 내 얼굴과 '히라타 나오야'라는 이름은 서로 아무런 연관성이 없다. 이 얼굴을 갖고 있기에 나오야라고 이름 지은 것도 아니고, 애초에 성은 태어나기 전부터 정해져 있었으니까 말이다. 결국 관계가 없으니까 외우기 힘든 것이다. 얼굴과 이름에 상관관계가 있다면 어떨까? 가령 쌍꺼풀을 가진 사람의 이름이 모두 '쌍꺼풀'이고, 안경을 낀 사람의 이름이 모두 '안경'이라면 금방 외울 수 있을 것이다. 물론 현실적으로 불가능한 일이지만 말이다. 그렇기 때문에 외우기 전에 '억지로 얼굴과 이름에 의미가 있는 것처럼 연결 짓는' 작업을 거친다. 그러기 위해서는 얼굴의 특징을 한마디로 표현하고 그것을 그 사람의 이름과 관련지어야 한다. 이 일련의 단계를 거치는 암기법을 태그법이라고 한다. 정리하면 다음과 같다.

STEP 1 첫인상을 한마디로 표현하기
STEP 2 스토리 기억법을 사용해 태그와 이름을 연결하기
STEP 3 태그를 떠올리며 스토리를 재생하기

【STEP 1】 첫인상을 한마디로 표현하기

태그법의 첫 단계는 이름을 외우려는 사람의 첫인상을 한마디로 설명하는 것이다. 첫인상을 한 단어로 표현한 것을 여기서는 '태그'라고 부른다. SNS에서 글이나 사진 등을 올리면서 태그를 붙이는 것과 마찬가지로 그 사람의 얼굴이나 옷차림에서 느끼는 인상을 태그로 붙이는 것이다. 앞서 말한 쌍꺼풀이나 안경 등이 바로 태그에 해당한다.

여러 개의 태그를 붙이는 편이 기억에 남기 쉽지만, 우선 하나만 사용해서 태그법을 배워보자. 직접 해보면서 구체적으로 설명하겠다.

아래 사진에 나온 여성의 이름은 '사토'다. 우선 이 사람의 인상을 한마디로 표현해보자. '이가 하얗다', '앞머리가 정갈하다', '내가 아는 ㅁㅁ와 닮았다' 등 어떤 내용이건 상관없다. 이들 중에서 태그로 쓸 내용을 하나 고른다. 핵심은 이 사람을 다시 만났을 때 전에 골랐던 태그와 같은 태그를 붙일 수 있는지 고려해야 한다는 점이다.

여기에서는 '이가 하얗다'를 태그로 선택하겠다.

【STEP 2】

스토리 기억법을 사용해 태그와 이름을 연결하기

2단계에서는 1단계에서 선택한 태그와 이름을 연결하는데, 이때 제2장에서 소개한 스토리 기억법을 사용한다.

연상게임과 같은 요령으로 '이가 하얗다'에서 시작해 '이가 하얀 사람이라면 ○○' '○○라면 △△' '△△라면 사토'라는 식으로 이름이 종착지가 되도록 생각의 꼬리를 이어간다.

예를 들어 보겠다.

이가 하얗다.

↓

이가 하야니까 충치가 없겠네.

↓

충치가 없으니까 사탕을 먹지 않겠지?

↓

사탕 하면 사토!

시작 지점에서 결론까지 한길로 곧장 달려갈 수 있다면 어떤 설명을 붙여도 상관없다. '외우기 거추장스럽지 않을까?' 하고 의구심을 가질지도 모르지만, 그저 무턱대고 '사토, 사토, 사토……' 하고 속으로 중얼거릴 때보다는 훨씬 또렷하게 외울 수 있다. 우리 뇌는 '추억'이나 '이유'가 있는 것들을 또렷하게 기억하는 성질을 가졌기 때문이다.

얼굴의 특징을 태그로 붙여 작위적으로라도 이름과 끼워 맞추는 억지가 얼굴과 이름을 암기할 때 필요한 능력이다.

【STEP 3】 태그를 떠올리며 스토리를 재생하기

태그와 이름을 한 번만 완벽하게 연관 지어놓으면 다음에 만났을 때 이름을 기억하고 있을 가능성은 상당히 커진다. 이름을 떠올릴 때에는 이렇게 하자. 우선 그 사람에게 태그를 붙인 적이 있는지 확인한다. 태그를 붙인 적이 있다는 것은 그 사람의 얼굴을 보고 이미지를 그려본 적이 있다는 뜻이므로 의외로 기억하기 쉽다.

외운 적이 있는 사람임을 인식했다면 다음에는 그 사람의 인상을 한마디로 표현해보자. 여기에서 맨 처음 붙인 태그와 같은 인상을 느낀다면 앞의 예시처럼 '이가 하얗구나, 이가 하야니까 충치는 없겠네. 충치가 없다면 사탕은 먹지 않을 거야. 아, 사탕이니까 사토!' 하고 스토리가 자동으로 재생되고 이름이 절로 떠오를 것이다.

태그법
효과적으로
사용하기

태그를 여러 개 붙인다

태그법을 설명하면서 이해하기 쉽도록 태그를 하나만 붙였지만, 태그를 늘릴수록 훨씬 또렷한 기억을 저장할 수 있다. 여러 개의 태그에서 이름까지 도달하는 각각의 스토리를 만들면 된다.

붙인 태그가 하나뿐이라면 그 사람과 다음에 만났을 때 지금 선택한 태그와 같은 태그를 붙이기 어려워서 이름이 금방 떠오르지 않을 수 있다. 하지만 태그를 여러 개 붙여두면 다음에 만났을 때 붙인 태그가 전에 선택한 것과 겹칠 확률도 높아진다.

만난 사람 모두에게 여러 개의 태그를 붙이기는 번거롭겠지만 꼭 기억해야 할 사람에게는 태그를 여러 개 붙여두도록 하자.

태그와 스토리를 의식적으로 떠올린다

그 사람에게 딱 맞는 태그를 붙여 이름과 제대로 연결되었다고 하더라도 그대로 내버려두면 언젠가는 잊어버리게 된다. 대신에 붙인 태그나 스토리를 복습하면 장기 기억으로 남길 수 있다. 복습이라고 하니 거창하게 들리지만, 그 사람과 헤어진 후에 다시 태그와 이름을 매치시켜보기만 하면 된다. 이 작업은 그 사람이 눈앞에 있을 때에도 가능하다.

기억하고 싶은 사람과 만나 명함을 교환한 시점, 혹은 자기소개가 끝났을 때 첫인상을 바탕으로 태그를 붙이고 스토리를 만든다. 그리고 그 사람과 대화를 할 때마다 혹은 그 사람을 볼 때마다 '하얀 이 사토'처럼 태그와 이름을 속으로 되내기만 해도 절로 복습이 되고 강력한 기억으로 남는다.

이 과정만으로도 몇 번이고 복습한 효과를 볼 수 있으며, 기억은 완전히 내 것이 된다. 다음에 만났을 때 바로 첫인상으로 붙인 태그가 떠오를 것이다.

이름에서 태그로 스토리를 역으로 기억한다

태그를 제대로 붙였다면 다음으로 훈련해야 할 작업은 스토리 만들기이다.

기억하기 쉬운 스토리를 만들기 위해서는 시작부터 목표에 이르기까지의 과정을 가능한 한 짧게 해야 한다. 예를 들면 '이가 하얗다'는 태그에서 시작해 10~20가지나 연상을 거듭해 겨우 '사토'라는 이름에 도달하는 스토리를 짜면 도중에 막혔을 때 목적지로 향하는 길을 다시 찾기 어렵다. 또 기억해내는 데 시간도 오래 걸린다. 보통 두세 번, 길어도 다섯 번 정도만 연관 지어 스토리를 마무리하도록 하자.

짧고 인상적인 스토리를 만드는 요령은 목표 지점인 이름에서 태그로 역산해가는 것이다. 구체적인 이미지를 그리기 힘든 이름이 많으므로 태그를 붙여 자연스러운 연상을 시도해도 좀처럼 떠오르지 않을 때가 있다. 그럴 때에는 우선 이름을 떠오르기 쉬운 이미지와 연결해(사토→사탕 등) 그것이 태그와 이어지도록 스토리를 만드는 것도 좋은 방법이다.

상대에게 진심으로 흥미를 갖는다

마지막은 기술이라기보다 마음가짐과 관련된 문제다. 기억법 자체에 집중하느라 이 책에서는 일부러 다루지 않았지만, 암기할 때의 마음이 기억에도 깊이 관여한다. 뇌는 흥미가 없는 것에는 좀처럼 기억할 틈을 주지 않고 흥미로운 것, 자신과 관계가 깊은 것만 외우기 쉽도록 작용하기 때문이다.

사람의 얼굴과 이름을 비유한다면, 관심이 가고 다시 보고 싶은 사람이 훨씬 강하게 기억에 남으며 더 만날 필요가 없을 것 같은 사람에 관해서는 거의 잊어버린다.

그러므로 사람의 얼굴과 이름을 기억할 때는 억지로라도 좋으니 흥미를 갖고 그 사람을 대하도록 하자. '이 사람은 내게 중요한 사람이다', '또 보고 싶다', '관심이 간다'는 강한 믿음을 가지면 신기하게도 기억에 잘 남는다. 더불어 그 사람과 좋은 관계를 쌓을 수도 있으므로 나쁠 게 없지 않은가? 이 기술은 당장에라도 실천할 수 있으므로 속는 셈치고 해보기 바란다.

대회에 참가해 많은 사람의 얼굴과 이름을 외울 때는 나 역시 모든 사람에 대해 '호감이 가니까 꼭 외울 것이다', '정말 관심이 있으니까 기억하고 싶다'는 의식을 가지고 암기한다(실제로는 만난 적은 물론이고 언젠가 만날 일도 없는 사람들이지만).

Let's try

태그법으로 12명의 얼굴과 이름 외우기

다음 사람들의 얼굴과 이름을 외워봅시다(시간 제한은
없습니다).

김수동	이지형	안신애
박중수	유성호	한수빈
조은영	지승민	고해영
채영일	최서진	정미나

외국인
이름 외우기

일본인의 이름일 경우 사토라면 사탕의 이미지, 다카
하시라면 높은 다리(高い橋, 일본어 발음: 다카이 하시)의 이
미지 등 소리나 한자에서 이미지를 빌려오기 쉽다.
반면에 가타카나로 표기된 외국인의 이름은 일본인
에게는 무의미한 문자 나열에 그치는 경우가 많아
서 이미지를 만들 때 고심하게 된다. 일상생활에서
는 외국인과 접할 기회가 흔하지 않을 수도 있지만,
기억력대회에서는 피해갈 수 없다. 그래서 추천하는
방법이 태그법에 발음 맞추기를 조합하는 방식이다.
'마이크 콜리아스'라는 이름을 외우고 싶다면, 첫
번째 단계에서는 일반적인 태그법과 마찬가지로
첫인상을 한마디로 표현하고 태그를 붙인다. '예쁜
금발', '눈동자가 크다', '푸른 바탕에 노란 줄무늬
옷', '귀가 뾰족하다' 등으로 표현하면 된다.
그리고 이름에서 태그로 거슬러 올라가며 스토리

를 만들어간다. 예를 들면 마이크라는 이름에서 연상되는 '마이코(舞妓, 궁중에서 연회나 의식을 행할 때 춤을 추던 기생)'를 '예쁜 금발'이라는 태그와 연결되도록 스토리를 짠다.

'예쁜 금발→화려하게 염색했다→평소와 다른 모습→마이코(舞妓)→마이크'와 같은 방식이다.

대회에서는 성과 이름을 함께 암기하면 높은 점수를 획득할 수 있으므로 성까지 외우자. 콜리아스를 발음이 비슷하면서도 친숙한 코리(氷, 얼음)과 아스(明日, 내일)라는 단어로 바꾸어 표현한다.

그리고 코리의 뜻과 연결 짓기 쉬운 태그로 '푸른 옷', 아스의 글자 형태와 연결 짓기 쉬운 태그로 '눈동자(黑目)가 크다'를 선택해 스토리를 만드는 것이다.

덧붙이자면 대회에서는 10초 안에 이런 이미지들을 모두 만들어내야 하므로 태그를 여러 개 붙여서 각 골인 지점까지 연결하는 기본 작업을 초고속으로 진행해야 한다. 외국인처럼 외우기 힘든 이름을 빠른 속도로 외울 수 있다면 일상에서 누구를 만나든 훨씬 자연스럽게 이름을 외울 수 있을 것이다.

6장
- - - - -

기억법을
일상생활에 적용하기

제2장에서는 기억법의 기본이라고 할 수 있는 스토리 기억법, 제3장에서는 세계 최강의 기억법인 장소법, 제4장에서 숫자 외우기에 편리한 변환법, 그리고 제5장에서 사람의 얼굴과 이름을 연결해서 외우는 데 유용한 태그법을 소개했다.

우선 기억법을 사용할 수 있도록 훈련하는 게 목적이었으므로 본문에 제시한 연습문제 역시 외우기 어렵지 않은 기본 단어나 숫자로 구성하였다. 그런데 일상에서 기억해야 할 것들은 연습문제보다 외우기 힘든 형태로 존재하는 경우가 대부분이기 때문에 일상생활에서 기억법을 활용하려면 약간의 수고가 필요하다.

제6장과 이어지는 제7장에서는 평소에 어떻게 기억법을 활용할 수 있는지 구체적인 예를 들어 소개하겠다.

은행
계좌번호
외우기

은행이나 증권 계좌번호는 11~14자릿수이다. 일렬로 늘어
선 숫자를 외우는 것이므로 '스토리 기억법+변환법' 혹은
'장소법+변환법'을 이용해보자.

장소법과 변환법의 조합으로 20자리 숫자까지 외울 수
있게 된 여러분에게는 계좌번호 외우기가 간단한 일일지도
모른다. 여기에서는 적은 자릿수의 숫자를 간단히 외울 수

체크카드

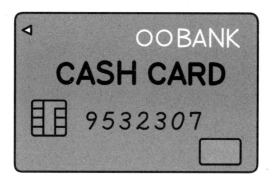

있는 스토리 기억법과 변환법 조합을 이용한 방법을 소개
하겠다.

임의로 정한 계좌번호 '9532307'을 외워보자.

숫자를 외울 때는 늘 미리 설정해둔 변환표를 참고해서
숫자를 단어로 변환해야 한다. 여기에서는 제4장에서 예로
들었던 숫자 변환표를 이용하겠다.

우선 변환표를 보고 제일 앞에 있는 숫자 9를 올챙이라는
이미지로 변환한다. 여기서부터 바로 스토리가 시작된다.
다음으로 숫자 5를 열쇠의 이미지로 변환해 올챙이와 연결
지어 스토리를 만든다. 가령, '올챙이가 열쇠를 들고 집 문

을 열려고 한다'라는 스토리는 어떨까? 광경을 생생하게 묘사해야 함에 주의하자.

다음에 오는 숫자는 3이다. 변환표에서 3은 귀를 가리키므로 '문을 열었더니 커다란 귀가 한쪽만 떨어져 있었다'라는 식으로 스토리를 이어간다. 또한 다음 숫자인 2는 거위이므로 '귓속에서 거위가 나왔다'라고 가상의 이미지를 만든다. 이런 식으로 스토리를 엮어가면 최종적으로 다음과 같은 스토리가 완성된다.

———— 올챙이가 열쇠를 들고 집 문을 열어보니 커다란 귀가 떨어져 있었고 그 안에서 거위가 나왔다. 거위는 귀를 기울이며 달에서 나는 소리를 들었다. 달에서는 나팔 연주회가 열리고 있었다.

문장으로 하면 길지만, 머릿속에서 TV를 틀어놓은 것처럼 영상을 돌리면 순식간에 끝난다.

이렇게 스토리를 만들어감으로써 무사히 7자리의 숫자를 암기할 수 있게 되었다.

다음에는 이 숫자들이 은행 계좌번호임을 제대로 상기할 수만 있으면 된다. 기억에 도움을 주는 힌트로서 은행 계좌의 이미지와 스토리의 맨 처음에 등장하는 올챙이의 이미

지를 붙여보자. 은행 계좌라면 ATM이 쉽게 떠오르지 않는가? ATM에서 올챙이가 대량으로 나오는 모습을 상상하자. 이렇게 하면 계좌번호를 떠올리려 할 때 다음과 같은 순서로 스토리를 떠올리기 편하다.

은행계좌

↓

ATM

↓

올챙이

↓

올챙이가 열쇠를 들고……

전화번호
외우기

전화번호의 경우 유선전화라면 9~10자리, 휴대폰은 11자리 숫자이다. 다만 전화번호 제일 앞 숫자는 늘 0이므로 외워야 할 수는 많아야 10자릿수이다. 이 역시 숫자만 외우면 되므로 계좌번호를 외울 때와 요령은 같다.

기억법은 회신을 해야 할 때처럼 전화번호를 그 자리에서 바로 외워야 하는 경우에도 사용할 수 있으며, 중요한 전화번호를 장기 기억으로 저장하는 데에도 효과적이다. 오래 기억하고 싶은 경우에는 만들어놓은 이미지를 여러 차례 복습하자.

동시에 외우고 싶은 번호가 여러 개 있다면 번호가 뒤섞이지 않도록 구분해서 외워야 한다. '이 사람은 이 장소에'와 같이 장소별로 나누어 외우면 편하지만, 그 많은 번호를 집어넣을 장소를 준비하기는 쉽지 않다. 그래서 스토리 기억법을 사용해 외우고 싶은 번호의 주인이나 회사 이미지와 연결되는 이미지부터 만든 후 스토리를 이어가는 쪽을 권한다.

예를 들어 작은아버지의 전화번호를 외우고 싶다면 우선 작은아버지의 이미지(태그법에서 말하는 태그)를 떠올려보자. 그 이미지를 첫 번째 단어로 지정해 스토리를 만든다. '번호 주인의 이미지+전화번호 숫자'를 정리해 하나의 스토리로 기억함으로써 여러 번호를 구분해서 외울 수 있다.

물론 전화번호가 특정인의 것이 아니어도 상관없다. 회사라면 그 회사의 이미지(대표적인 상품이나 회사 이름 등)를 첫 번째 단어로 지정한다. 이처럼 사람이나 회사 이미지를 첫 번째 단어로 설정함으로써 여러 번호를 구별해서 외울 수 있다.

신용카드
번호
외우기

신용카드 번호를 외워두면 급한 순간에 수고를 덜 수 있어 편리하다. 신용카드 번호는 주로 16자리이고, 유효성 검사 코드까지 외우려면 거기에 3자리를 더해 총 19자리 숫자를 외워야 한다.

이것도 계좌번호나 전화번호와 마찬가지 방법으로 진행하면 되지만, 자릿수가 많아진 만큼 난이도가 조금 상승한다.

'스토리 기억법+변환법'이나 '장소법+변환법' 중 어떤 방법을 써도 좋지만, 일단 각각의 장단점을 알아두자.

먼저 스토리 기억법의 장점은 별다른 준비 없이 손쉽게 시작할 수 있다는 점이고, 단점은 이야기가 장황하게 늘어진다는 점이다.

장소법을 쓸 경우 19자리 정도의 숫자는 간단하게 외울 수 있으나, 사전에 장소(플레이스)를 준비해두어야 한다. 그리고 번호를 완전히 외울 때까지 해당 장소는 신용카드 번호가 점유하게 된다.

그렇다면 각 기억법의 장점들을 어떻게 살려야 외우기 쉬울까? 정답은 없으니 자기 스타일에 맞는 방법을 찾아 시도해보기 바란다.

스토리 기억법으로 신용카드 번호 외우기

스토리 기억법을 이용해 신용카드 번호를 외우려면 은행 계좌번호를 외울 때와 똑같이 하면 된다. 단지 스토리가 굉장히 길어질 뿐이다.

임의로 카드 번호를 '2701 5913 9748 7723'이라고 정해놓겠다. 유효성 검사 코드는 '690'으로 하자.

신용카드

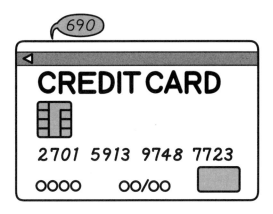

방법은 같으므로 최종적인 스토리만 예시해보겠다.

——————— 신용카드를 씹고 있는 거위가 나팔 속에 잠겨서 달까지 순간 이동을 했다. 달 표면에는 커다란 굴뚝이 꽂혀 있었는데 연기 대신 열쇠가 줄기차게 튀어나왔다. 그 열쇠로 올챙이 몸을 갈랐더니 몸속에서 굴뚝이 튀어나왔고 귀가 하늘로 뭉게뭉게 피어올랐다. 귓속에서 쏟아져 나온 수많은 올챙이가 나팔을 연주했는

데 불쾌하게 들렸는지 어디선가 화살이 날아왔다. 놀란 달마가 막아주다가 몸이 부서졌는데 안에서 나팔이 두 개 나왔다. 나팔이 커다란 소리를 울리며 거위를 향해 연주하는 바람에 거위는 귀가 멀어버렸다.

상당히 길고 긴 이야기가 되어버렸다. 남은 3자리의 유효성 검사 코드까지 외우려 한다면 아래와 같이 황당무계한 이야기를 덧붙여야 할지도 모른다.

──────── 귀가 멀어버린 거위 대신 너구리가 올챙이를 먹었더니 벌을 받아 달로 튕겨 나갔다.

같은 이미지가 여러 번 나오기도 하고 스토리를 만드는 과정은 물론 긴 이야기를 순서대로 똑같이 외워야 한다는 점도 스토리 기억법이 장소법에 비해 사용하기 어렵다는 것을 시사한다.

장소법으로 신용카드 번호 외우기

장소법을 이용할 경우, 자릿수가 늘었다고 해도 플레이스만 제대로 준비해두면 기나긴 스토리로 이어질 일은 없다. 제3장에서 장소법에 관해 설명할 때 루트로 이용했던 원룸을 여기에 다시 등장시켜보자. 플레이스는 '현관, 세면대, 부엌, TV, 책장, 베란다, 침대, 옷장, 화장실, 욕실'이다. 10플레이스까지만 있으므로 1플레이스에 두 단어를 두는 '2 in 1 메소드'를 사용한다.

각 플레이스에서 다음과 같은 방식으로 이미지를 만든다.

- 1플레이스 '현관'

현관에서 거위가 문을 열려고 하지만 큰 나팔이 놓여 있어 열기 힘들다.

- 2플레이스 '세면대'

세면대에 부착된 거울을 들여다보니 달이 비쳤고 굴뚝이 달에 박혀 있었다.

- 3플레이스 '부엌'

수도꼭지를 틀었더니 열쇠가 나와서 싱크대에 누워 있던 올챙이를 찔러버렸다.

- 4플레이스 'TV'

TV에 굴뚝 영상이 흘러나오고 있었고 연기가 아니라 인간의 귀가 튀어나왔다.

• 5플레이스 '책장'
올챙이가 책장에서 나팔을 연주하고 있다.

• 6플레이스 '베란다'
옆집에서 베란다로 날아든 화살을 달마가 온몸으로 막고 있다.

• 7플레이스 '침대'
나팔 두 개가 옆으로 나란히 놓여 있다.

• 8플레이스 '옷장'
거위가 귀를 막고 웅크리고 있다.

이상으로 16자리의 숫자를 외운 셈이다. 유효성 검사 코드까지 외우고 싶다면 플레이스 두 개를 추가한다.

• 9플레이스 '화장실'
너구리가 올챙이를 먹고 있다.

- 10플레이스 '욕실'

커다란 달이 욕조에 떠 있다.

　이처럼 가지고 있는 플레이스에 짧은 스토리를 덧붙이면
되니 스토리 기억법에 비하면 외우는 데 부담이 덜하다. 단
지 이번에 원룸을 사용하면 한동안 다른 단어를 이 루트 안
에 배치해 외울 수 없다. 플레이스를 되짚어보지 않아도 완
전히 19자릿수까지 떠올릴 수 있다면 다른 단어에 도전해
도 되나, 그렇게 될 때까지는 이 원룸을 신용카드 전용 플레
이스로 써야 한다. 따라서 장소를 준비하는 수고는 들지만,
은행 루트를 새로 만들어 그곳을 신용카드 전용 플레이스
로 사용하는 방법도 좋다.

　스토리 기억법과 장소법 모두 장단점이 있다. 그러니 자
신에게 맞는 기억법을 선택해 암기해보기 바란다.

생일
외우기

생일 외우기는 4자리의 숫자만 외우면 된다고 생각하기 쉽지만 당사자의 얼굴이나 이름과 생일을 연관 짓는 작업도 같이 해야 하므로 그렇게 간단하지만은 않다. 숫자를 외우는 기억법과 얼굴과 이름을 연결 지어 외울 때 썼던 태그법을 함께 사용한다.

그 사람의 특징(얼굴이나 이름, 무엇을 좋아하는지 등)을 태그로 붙여 4자릿수로 만든 스토리와 연결하는 방법이다. 예를 들면서 설명하겠다.

할머니 생신이 12월 7일이라 하자. 이때 외워야 할 숫자는 127이다. 1207이라는 4자릿수로 외워도 좋으나, 1월에만 01이라 붙여 두면 2월부터 9월까지, 그리고 1일부터 9일까지의 숫자에 0을 생략할 수 있으므로 외워야 할 자릿수도 줄어든다.

우선 할머니의 이미지나 특징을 한마디로 표현한 후 태그를 붙인다. 여기에서는 '지팡이'라는 특징을 태그로 붙여 보겠다. '할머니' 하면 떠오르는 일반적인 이미지가 아니라 나의 할머니가 실제로 늘 지팡이를 짚고 걷는 등 현실적이고 살아 있는 특징을 태그로 붙이기 바란다.

다음으로 이 지팡이와 생일을 연결한다. 자릿수가 적으므로 스토리 기억법을 사용하면 편하다.

예를 들어 아래와 같은 이야기를 만들 수 있다.

───────── 할머니가 지팡이로 굴뚝을 탁탁 치는데 안에서 거위가 나와서 나팔을 불며 축하해주었다.

이 스토리로 할머니와 127이라는 숫자를 연관 지어 외울 수 있다. 외운 것을 상기할 때는 얼굴과 이름을 매치할 때와

같은 요령으로 우선 할머니에게 붙인 태그부터 떠올린다. '지팡이라는 태그를 붙였지!' 하고 기억할 수 있으면 그 기억을 더듬으며 이어지는 스토리를 따라가기만 해도 생일을 떠올릴 수 있다.

'8월 14일에 태어난 사토'라면 '사토→사탕'이라는 태그를 붙여서, 다음과 같은 스토리를 만들어서 외울 수 있다. 서너 자리밖에 되지 않으므로 장소법까지 사용할 필요도 없이 끝난다.

──────── 사토가 사탕을 먹는데 달마가 공격해서 허둥지둥 굴뚝 뒤로 숨었더니 화살이 날아왔다.

덧붙이자면, 내 생일은 6월 6일이므로 이런 이미지를 만들면 바로 외우기 쉬울 것이다.

──────── 기억법을 열심히 훈련 중인 히라타의 양 옆구리를 너구리 두 마리가 감싸고 있다.

여러분도 한번 시도해보기 바란다.

쇼핑 리스트 외우기

지금까지 기억법을 응용해서 일상에서 외워두면 편리한 숫자 암기법을 소개했다. 이제부터는 숫자 외의 것에 응용하는 방법을 알아보자.

우선 쇼핑 리스트 외우기다.

쇼핑 리스트에 있는 물품 이름들은 모두 친숙하고 주변에 있는 것이므로 이미지화하기 쉽다. 한 번 쇼핑할 때 필요한 것은 많아야 열댓 개이므로 1루트 10플레이스를 사용해 20개의 품목을 외우는 방법이 거의 그대로 적용된다. 그러니 여기에서는 외우기 쉽게 바꾸는 요령을 중심으로 소개하겠다.

우선 리스트를 작성한다. 장소법을 사용하면 무작위로 늘어놓아도 외울 수 있지만 채소, 조미료, 생활용품 등 종류별로 정리해두면 훨씬 외우기 쉽다. 또 카레를 만들 예정이라면 재료를 모두 리스트에 넣을 필요 없이 카레라는 단어만 기억함으로써 플레이스를 절약할 수 있다(카레에 필요한 재료를 모두 사려는 경우에만 사용할 수 있지만).

쇼핑 리스트 전용 플레이스를 준비하는 방법도 추천한다. 이렇게 하면 '쇼핑 리스트는 이 장소에 입력해뒀지!' 하고 곧바로 루트를 떠올릴 수 있기 때문이다. 예를 들면, 평소 구입할 것의 대부분은 식품일 것이므로 부엌을 루트로 설정해두면 사야 할 품목을 떠올릴 때 용이하다. 자신의 집 부엌을 떠올려 한 바퀴 둘러보면서 플레이스를 설정해보자. 다음 쪽에 예시한 일곱 개의 플레이스는 대부분 부엌에 구비된 것들이므로 이미지를 그릴 때 참고해도 좋다.

하나하나 메모해서 플레이스에 적절히 두는 작업이 번거롭게 느껴질지도 모르지만, 익숙해지면 사야 할 것이 생각나자마자 플레이스에 배치할 수 있을 것이다. 그 수준까지 성

1	2	3	4
싱크대	조리대	가스레인지	환기팬
5	6	7	
전자레인지	냉장고	찬장	

장한다면 메모할 필요도 없이, 또 빠뜨릴 걱정도 없이 쇼핑을 할 수 있다.

쇼핑 리스트를 외우는 것과 같은 방법으로 프레젠테이션 자료의 순서나 책의 줄거리를 외울 수도 있다. 더 나아가 보는 즉시 외우고 싶은 것을 배치하는 수준에 이르면 말로 전달받은 지시나 수업, 강연회의 내용을 나중에 순서대로 재생할 수도 있다.

요리 레시피
외우기

요리 레시피를 외울 수 있으면 요리하는 중간중간 요리책을 몇 번이고 들춰볼 필요가 없다. 인터넷이나 요리 프로그램에서 소개한 레시피를 받아 적는 수고 없이 바로 외우고 싶은 사람도 많지 않을까?

기본적으로 레시피는 재료와 각각의 분량, 조리 순서로 이루어진다. 기억법을 응용하는 방법은 다양하지만, 재료와 그 분량은 장소법으로, 조리 순서는 스토리 기억법으로 외우면 효과적이다.

예를 들어 카레 만들기에 도전해보자.

재료는 양파 1/2개, 감자 1개, 당근 1/2개, 고기 20g, 고형 카레 2조각, 샐러드유 1큰술이다. 재료 자체는 쇼핑 리스트 때와 같은 요령으로 장소법을 사용하면 외우기 쉽다. 이때 2 in 1 메소드를 사용해 분량을 동시에 외우는 게 핵심이다.

예를 들면, 1플레이스가 부엌 싱크대라고 하면, 우선 여기에 양파 이미지를 배치한다. 그리고 1/2개라는 분량을 이미지화해서 싱크대에 둔다. 분수에는 변환법을 적용하지 못하므로 소수로 바꾸어 생각한다. 1/2을 소수로 바꾸면 0.5이므로 0과 5를 외워도 되지만, 카레에 양파 5개를 넣는다고 혼동할 일은 없으므로 5만 외운다.

──────── 싱크대 수도꼭지에서 거대한 양파가 나와서 그것을 잘랐더니 열쇠가 나왔다.

위와 같은 이미지를 만들어놓는다. 이 과정을 반복함으로써 재료뿐만 아니라 분량까지 정확하게 기억할 수 있다.

재료를 외웠다면 다음에는 조리 순서다. 물론 장소법을

사용해도 되지만 조리 순서에는 의미가 있으므로 스토리로 만드는 게 외우기 쉬울 듯하다. 스토리를 만든다 해도 지금까지 해온 방식처럼 황당한 망상을 할 필요는 없다. 부엌에서서 레시피에 적힌 내용과 같은 과정을 순서에 맞게 실제로 따라하는 이미지를 그리는 것이 이번 스토리 기억법의 방식이다.

레시피를 보고 순서를 외우려는 게 아니라 실제로 요리하는 모습을 상상하면서 이미지로 새기는 것이다. 요리를 잘하는 사람이 새로운 레시피를 바로 외울 수 있는 이유는 그동안 해온 요리 방식에 따라 바로 스토리를 상상할 수 있기 때문이다.

레시피를 외웠다면 머릿속에서 처음부터 재현해보자. 제대로 재현할 수 있다면 완벽하게 외웠다는 뜻이다.

과거로
돌아가
이미지
떠올리기

쇼핑 후, 이미 집에 있는 물건을 또 사버렸음을 깨달을 때
가 종종 있다. 냉장고 안에 무엇이 들었는지 기억법을 사용
해 떠올릴 수 있다면 좋겠지만, 기억법이란 '이것을 기억해
야지!' 하고 의식했을 때에만 효력을 발휘하는 법이다. 그래
서 '같은 것을 사지 않으려면 어떻게 해야 할까?', '냉장고
안에 무엇이 들었는지 잊어버렸네.' '어제 저녁에 뭘 먹었더

라?' 하는 식으로 기억을 더듬어봤자 전혀 떠오르지 않는다.

그러나 기억법의 원리를 이용하면 손 놓고 있을 때보다는 조금이라도 떠올리기 쉬워질 것이다.

건망증을 해결하는 데 기억법을 사용하기는 어렵다. 하지만 무언가를 사려고 할 때에는 우선 '이것을 전에 사두었던가?' 하고 자문하는 습관을 들이도록 하자. 이때 그 물건을 사거나 사용하는 장면을 그려본다. 구체적으로 떠오른다면 이미 샀을 가능성이 높다. 반대로 기억이 전혀 떠오르지 않는다면 사지 않았을 확률이 높다.

냉장고에 무엇이 있는지 알아두면 같은 물건을 다시 사는 실수를 하지 않을 것이다. 냉장고 안을 확인해서 장소법을 사용한다면 외울 수 있겠지만, 현실적으로 그럴 만한 여유도 없거니와 쇼핑을 하다 보면 사야 할 품목이 자연스레 떠오를 거라고 생각하는 사람도 많을 것이다.

기억법을 사용한다 해도, 의식적으로 외우려고 노력하지 않은 것들을 기억하기란 불가능하다. 하지만 이미지화의 힘을 빌려 생각이 떠오르도록 도움을 줄 수는 있다.

그러려면 먼저 언제 마지막으로 냉장고를 열었는지 떠올려야 한다. 그런 다음 어떤 목적으로 냉장고를 열었는지 생각하자. 음료를 마시기 위해서인지, 아침 식사 후 남은 음식을 넣어두기 위해서였는지. 이것만 떠올릴 수 있어도 기억하고 싶은 순간의 나로 돌아갈 수 있다. 즉, 과거의 자신을 다시 체험할 수 있으며 그때 그 상황에서의 냉장고 안을 사진으로 찍은 듯 볼 수 있다. 또 냉장고 안을 떠올릴 때에는 제일 위 칸에 무엇이 있었는지, 채소 칸에는 무엇이 들었는지 등 장소별로 세세하게 기억을 더듬어야 선명한 이미지를 그릴 수 있고 훨씬 쉽게 기억할 수 있다.

의식적으로 외우지 않은 것들을 떠올릴 때에는 앞서 소개한, 기억하고 싶은 순간의 나로 돌아가는 방법이 효과적이다. 전날 저녁 메뉴를 떠올리고 싶다면 저녁을 먹던 자기 모습을 떠올리는 것이다. 그때 나는 무엇을 하고 있었는지, 어디에서 밥을 먹었는지.

그래도 기억하기 힘들다면 시간을 조금 더 앞뒤로 조정해본다. 저녁에 무엇을 했으며 어떤 것을 먹고 싶었는지, 그날 오후에는 무엇을 했는지, 무슨 요일이었으며 어떤 TV 프로그램을 시청하고 있었는지, 식사 후에 어떤 그릇을 설거지했는지, 또 식사를 마친 후에는 무엇을 했는지. 실마리를 가능한 한 많이 되짚어 전날의 자신으로 최대한 돌아가는 것이다. 우리의 뇌는 스토리를 기억하는 재주가 있어서 어제 저녁 식사라는 '포인트'를 꼬집어 기억하기보다는 그 전후 사정도 포함한 '라인'을 기억하려 한다.

어떤 상황에 기억법을 제대로 쓸 수 있고, 또 어떤 상황에

제대로 효력을 발휘하지 못하는가를 파악하면 이 책에서
소개한 상황 외에 응용할 부분이 눈에 띌 것이다. 여러 상황
에 다양한 방법을 적용하여 도전해보기 바란다.

얼굴과
이름,
직함
외우기

제5장에서는 얼굴과 이름을 연결해서 기억하기 위한 태그법을 설명했다. 거기에 더해 회사 이름이나 부서, 직함 등도 함께 외우고 싶을 수 있다.

얼굴과 이름을 일치시키는 방법을 습득했다면 그것을 조금만 응용하면 된다. 이름을 출발점으로 해서 회사나 부서, 직함 등 외우고 싶은 내용을 목표로 정하고 연상을 더욱 이어가보자.

예를 들어 계장인 다카하시 씨를 기억하고 싶다고 하자. 이 경우, 다카하시(高橋)라는 이름을 태그로 정한다.

──────── 높은(高) 다리(橋)에서 떨어질 것 같은 다카하시(高橋) 씨가 팔 한쪽이 걸려 겨우 살아남았다.

이런 같은 장면을 그려본다. 그러면 일본어로 발음이 같은 '높은 다리'를 다카하시로, '걸리다'(일본어 발음: 히카카루)를 계장(係長, 일본어 발음: 가카리초)으로 연상해 떠올릴 수 있다.

회사명이나 부서도 마찬가지 방법으로 외우면 된다. 회사명은 그 회사의 브랜드나 상품 등을 떠올리면 이미지화하기 쉽다. 부서에 대해서도 경리부나 법무부 등 각각의 부서가 가진 이미지를 활용하자. 경리부는 돈다발, 법무부는 두꺼운 법률서 등 사전에 이미지를 만들어놓으면 스토리를 만들기 쉽다. 처음 듣는 회사명이나 부서, 직함이라면 그 이름에서 연상되는 것을 그리거나 일의 내용을 듣고 관련된 것을 상상하자. 이미지가 꼭 맞아떨어지지 않아도 된다. 자신이 연상하기 쉽고, 그 스토리를 따라 목표 지점까지 도달할 수 있다면 어떤 내용이건 상관없다.

슈퍼 기억력 트레이닝

7장
- - - - -

기억법으로
영어 단어 외우기

기억법을 실생활에 써먹어야겠다고 생각하는 사람 중에는 학교 공부나 자격시험에 활용하고 싶은 마음이 간절한 경우도 있을 것이다. 공부할 때 암기가 필요한 부분들은 형태적으로 외우기 어려워서 기억법을 능수능란하게 다루지 못한다면 활용하기 힘들 수 있다. 그렇다고 해서 기억법이 쓸모없는 것은 아니다. 나도 기억법을 구사해서 준비했던 대학교 시험 과목 모두 A+를 얻는 데 성공했으니까.

외우고자 하는 내용의 성격에 따라 기억법을 활용하는 방법도 조금씩 달라지지만, 여기서는 장소법과 태그법을 활용한 영어 단어 외우기를 소개하겠다.

**장소법+
태그법으로
단어 외우기**

영어 단어를 암기하는 데 기억법을 적용하면 효과가 큰데, 실천하기는 다소 어렵다. 장소법과 태그법을 모두 사용해야 할 뿐만 아니라 많은 단어를 외우지 않으면 의미가 없으므로 필요한 플레이스 수도 늘어나기 때문이다.

플레이스 수는 최소 10개가 필요하다. 2 in 1 메소드를 사용하면 단어를 20개까지 외울 수 있으니 간단한 테스트라면 이것만으로도 충분할 것이다. 장소법으로 외울 수 있는 단어 수는 가진 플레이스 수에 비례한다. 다만 1000개의 단어를 외우기 위해 500플레이스, 1만 개의 단어를 외우기 위해 5000플레이스가 꼭 필요한 것은 아니다. 영어 단어를 암기하는 데 같은 장소를 재활용할 수 있다. 그래도 일정 정도의 기본 플레이스는 갖고 있어야 대응할 수 있으므로 대학교 입시나 자격시험을 준비하는 데 사용한다면 적어도 50플레이스는 확보해두는 게 좋다.

영어 단어 암기 5단계

영어 단어를 암기할 때 우리의 목표는 영어 스펠링을 보고 의미를 파악하고, 또 우리말 단어를 영어로 말할 수 있게 되는 것이다. 이러한 연결고리는 얼굴-이름의 연결 관계와 상당히 닮아 있다. 영어 스펠링을 보고 우리말로 의미를 떠올리기, 혹은 우리말 단어를 영어로 바꾸어 말하기는 어느 쪽이건 관련성이 없는 두 언어를 이어주는 작업이 필요하다. 여기에 많은 단어를 외우는 데 사용하는 장소법을 조합하면 된다.

구체적으로는 다음과 같은 단계를 거친다.

STEP 1 단어의 의미를 이미지로 바꾸어 플레이스에 배치
한다.

STEP 2 태그를 사용해 단어와 의미를 연결한다.

STEP 3 플레이스를 되짚으며 단어에서 의미가 연상되는
지 확인한다.

STEP 4 기억하지 못한 단어에 태그를 추가한다.

STEP 5 모든 단어의 의미를 외울 때까지 3~4단계를 반복
한다.

(STEP 1)
단어의 의미를 이미지로 바꾸어 플레이스에 배치한다

우선 외우고 싶은 단어의 이미지를 하나씩 플레이스에
배치해간다. 이 단계에서는 단어를 한 번 죽 훑어봄과 동시
에 각 이미지로 변환한 것을 외우는 것이므로 단어를 외우
는 본격적인 작업에 착수했다는 느낌은 들지 않을 것이다.
우선 영어 단어 목록에 적힌 단어들의 이미지만 모두 외워
버리는 것이다.

예를 들면, 'uncle, complain……'으로 이어지는 단어 목록
을 외우고 싶다면 삼촌 이미지나 불만을 말하는 동사의 이
미지를 그린다. 2 in 1 메소드를 사용한다면 1플레이스를
현관으로 설정할 경우, '현관에 웬일인지 삼촌이 버티고 서

있고 문이 열리지 않는다고 불만을 말하면서 문을 두드리고 있다'라는 모습을 그린다. 스토리를 외우고 싶은 단어에 이어서 만들어가면 1단계는 끝난다.

【STEP 2】 태그를 사용해 단어와 의미를 연결한다

2단계에서는 단어와 그 의미를 연결하는 작업을 한다. uncle이라는 단어를 보고 그 단어가 삼촌이라는 뜻임을 외우기 위한 단계다. 평소 방법대로 암기한다면 필사적으로 'uncle, uncle, uncle……' 하고 연습장에 반복해서 적거나 입으로 중얼거리면서 외우겠지만, 여기에서는 태그법을 이용한다.

uncle이라는 문자에서 태그를 만들어 앞서 플레이스에 배치한 삼촌의 이미지가 목표 지점이 되도록 스토리를 만드는 것이다.

예를 들면 uncle이라는 문자에서 '영어 발음은 엉클이구나.' 하는 느낌이 들었다면, 엉클을 태그로 붙인다.

영어 발음은 엉클

↓

머리가 헝클어졌다

↓

삼촌의 머리카락이 헝클어져 있다

↓

삼촌

위와 같은 방식이다. 발음 맞추기를 사용하는 것도 좋은 방법이다. 영어 단어 철자를 보고 억지로 끼워 맞추어도 좋으니 의미가 떠오를 만한 스토리를 만들기 바란다.

〔STEP 3〕
플레이스를 되짚으며 단어에서 의미가 연상되는지 확인한다

이론상으로는 2단계까지 완료하면 단어를 외운 셈이다. 그러나 수많은 단어에 태그를 붙였으니 한 번에 외우기는 벅찰 것이다. 그래서 플레이스에 배치한 이미지를 처음부터 되짚으며 그 이미지에 따라 단어를 말할 수 있는지 확인해 봐야 한다.

단어장을 한 장씩 넘기며 확인하는 것과 같은 과정을 머릿속에서 거치는 것이다. 이 단계에서는 아무것도 볼 필요가 없으므로 꼭 책상 앞이 아니라도 되며 언제 어디에서나 가능하다.

가령 1플레이스에 가서 삼촌이 불만을 말하는 이미지를 떠올린다. 여기에서 삼촌을 영어 단어로 말할 수 있는지 확인하자. '2단계에서 삼촌의 머리카락이 헝클어져 있는 스토리를 만들었지(엉클). 그러니 uncle이겠네.' 같은 방식이다.

거꾸로 거슬러 올라가면서 연상을 해야 하므로 얼굴과 이름을 매치시키는 것보다 어렵게 느껴질지도 모르겠다. 기억나지 않는 단어가 있으면 그 단어를 체크해두자. 1단계에서 플레이스에 이미지를 제대로 배치하지 못한 게 원인이라면 이미지를 재배치해야 한다.

이 단계에서는 이미지를 보고 단어를 떠올릴 수 있는지 확인한다. 스펠링까지 완전히 기억할 수 있는지 확인하면 훨씬 효과적이다. 이 과정에 성공하면 단어를 보고 이미지를 떠올릴 수도 있게 되므로 '영어→우리말', '우리말→영어' 양방향 변환이 가능해진다.

【STEP 4】 기억하지 못한 단어에 태그를 추가한다

3단계에서 확인한 결과 기억나지 않은 단어가 몇 개 나왔을 것이다. 한 번 더 같은 태그로 스토리를 만들어도 좋지만, 훨씬 효과적인 방법이 있다. 바로 태그를 바꾸어 붙이는 것이다. 사람의 얼굴을 외울 때도 꼭 외우자고 다짐한 경우에는 태그를 여러 개 붙이라고 소개했는데, 이렇게 하면 기억의 실마리가 늘어나므로 기억이 더 단단하게 저장된다는 태그법의 강점을 제대로 쓸 수 있다.

uncle이라는 단어를 잊어버렸다고 하자. 물론 우선 처음에 붙인 태그와 스토리를 복습한다. 다음으로 태그를 새로 붙여서 의미와 태그를 연결해보거나 유의어나 반의어를 찾아보면 태그를 붙이기 쉬워진다. 태그를 새로 붙여서 스토리를 만들기가 어려운 경우에는 스토리 없이 태그만 붙여도 효과를 볼 수 있다.

이것을 잊어버린 모든 단어에 순차적으로 적용하면 4단계가 완료된다.

〔STEP 5〕
모든 단어의 의미를 외울 때까지 3~4단계를 반복한다

4단계를 완료했다면 3단계로 돌아가 모든 플레이스를 되짚으며 이미지로부터 단어를 떠올릴 수 있는지 다시 확인한다. 그래도 기억나지 않는 단어가 있다면 4단계로 가서 태그를 늘림으로써 기억이 단단히 자리잡게 하자.

외운 단어를
장기 기억에
저장하기

장소법을 사용해 영어 단어를 외우면 머릿속에 영어 단어 장이 들어 있는 것처럼 언제 어디서나 복습할 수 있다. 평범한 기억과 달리 입력만이 아니라 출력도 반복하게 되기 때문에 기억이 정착하기 쉽고 떠오를 확률도 높아진다. 이렇게 외운 단어는 간단한 시험에서 최대의 효과를 발휘한다.

그럼 외운 단어를 어떻게 하면 장기 기억으로 정착시킬

수 있을까?

그것은 적절한 시기에 복습을 하느냐에 달렸다.

플레이스에 저장해두기만 한 기억은 보통 사흘이 지나면 절반은 잊어버린다. 벼락치기용으로 사용한다면 그나마 다행이지만, 방대한 양을 오랜 기간 기억해야 할 경우에는 도저히 떠오르지 않는 생각을 어쩔 수 없다. 그러므로 장기 기억으로 오래 보관하기 위해서 복습을 무한 반복해야 한다.

복습 시점은 5단계까지 완전히 마치고 모든 단어를 확실하게 외운 상태에서 곧바로 한 번 더 해보고, 다음에는 하루 뒤, 이틀 뒤, 나흘 뒤, 일주일 뒤로 간격을 두고 하면 좋다. 또 한두 달 후에 한 번 더 복습하면 그만큼 오래 기억할 수 있다.

장기 기억으로 정착했다는 자신이 생기면 그때까지 영어 단어를 채워놓았던 플레이스는 다른 것을 외우기 위해 비워주어도 좋다. 단어를 외워버리면 단어장은 필요가 없어지기 때문이다.

에필로그

기억력 훈련의
의미

기억력대회에 참가하고 챔피언이 된 후 자주 듣는 질문이
있다.

"기억력대회에 나가고 기억력 훈련을 하는 게 평소 생활
에 어떻게 도움이 됩니까?"

그럴 때마다 나는 담담하지만 단호하게 답하곤 했다.

"꼭 평소 생활에 도움을 얻으려고 대회에 참가하는 게 아닙니다."

기억력대회는 이름 그대로 대회다. 명확하고 공정한 룰에 따라 경쟁하는 스포츠인 것이다. 야구나 축구 등 몸을 움직여 겨루는 스포츠, 혹은 바둑이나 장기 등 머리를 쓰는 두뇌 스포츠나 다름없다. 야구 선수에게 무엇을 위해 야구를 하느냐, 야구를 하면서 어떤 점이 도움이 되느냐고 묻는 사람은 없을 것이다. 경기에 참여하는 것 자체가 목적이기 때문이다. 내 경우도 다르지 않다. 기억력대회라는 스포츠에 참가하는 게 목적이며 기억력을 반드시 어딘가에 활용해야 한다는 생각은 적었다. 순수하게 재미있어서 훈련을 했다.

하지만 기억력 훈련은 분명 공부나 업무 등 일상생활에 큰 도움이 된다. 단, 대회에서 겨루는 종목과 일상생활에서 외우고 싶은 내용이 꼭 일치하지는 않기 때문에 대회에서 사용하는 암기법을 조절해 적용해야 한다. 나는 이 책을 통해 우선 기초가 되는 기억법을 충분히 설명한 다음 응용 방법을 제시해보았다.

무엇보다 이러한 훈련은 기억력 자체를 길러줄 뿐만 아니라 목표를 향해 노력하는 에너지, 자신을 제어하는 힘, 정신력이나 집중력을 향상시켜준다. 어쩌면 이러한 힘이 기억력 훈련을 하며 얻는 가장 큰 대가인지도 모르겠다.

야구나 축구도 처음에는 몸을 단련하고 싶어서, 친구와

함께 놀고 싶어서, 협동성을 기르고 싶어서 등등 저마다 다른 동기로 시작한다. 기억력 훈련도 마찬가지다. 집중력을 높이고 싶어서, 공부를 더 잘하고 싶어서, 업무 능력을 업그레이드하고 싶어서, 아이를 낳고 건망증이 심해져서, 지속적으로 뇌를 사용하고 싶어서 등등 여러 가지 동기로 시작한다. 각각의 동기가 모두 소중하다. 이 책에서 소개한 기억법 훈련이 계기가 되어 일상에서 도움을 얻고 기억법 자체에 흥미를 느끼는 사람이 늘어난다면, 나아가 대회에 참가하며 기억력 스포츠를 즐기는 사람이 늘어난다면 그보다 더한 기쁨이 없을 것 같다.

부록

기억력대회의 세계

기억력 겨루기라고 하면 원주율을 소수점 이하 몇만 자리까지 외워서 말하는 모습이 떠오를지도 모른다. 그러나 숫자 외우기만이 기억력을 시험하는 유일한 방법은 아니다. 기억력대회는 경기를 어떻게 진행할까? 여기서는 실제 대회가 어떤 방식으로 진행되는지 간단히 소개하겠다.

  기억력대회는 기억력을 필요로 하는 10개 종목으로 진행

되며 총점으로 순위를 매기는 두뇌 경기이다. 영어로는 '메모리 스포츠(Memory Sports)'라고 하여 엄연한 스포츠로 자리매김하고 있다. 이는 대회 참가자를 메모리 선수라고 부르는 데서도 잘 나타난다. 육상 10종 경기가 던지기와 뛰기, 단거리와 중거리 달리기 등 다양한 능력을 요구하는 종목으로 구성된 것처럼, 기억력대회 종목들도 숫자를 기억하는 힘, 얼굴과 이름을 매치시키는 힘, 단시간에 기억하는 힘, 장시간에 걸쳐 확실히 기억하는 힘 등 다양한 기억력을 필요로 한다.

대회에 참가할 때 남녀 구별은 없고 나이 구분만 있다. 표창이나 세계 기록은 12세 이하인 키즈 부문, 13세~17세까지의 주니어 부문, 18세~59세까지의 어덜트 부문, 60세 이상의 시니어 부문으로 구분된다.

기억력대회의 시작은 1991년으로 거슬러 올라간다. 마인드맵으로 유명한 토니 부잔과 체스마스터 레이먼드 킨이 주축이 되어서 주최한 대회가 시초다. 영국에서 해마다 세계 대회가 열리다가 점차 유럽, 아시아로 확대되었고 지금은 여러 나라와 지역에서 대회가 열리고 있다. 일본은 아직 경기 인구가 적고 일본인이 대회에 참가하게 된 시기도 2010년부터지만 최근 들어 일본 국내에서도 대회가 열리고 있다(우리나라에서는 2017년에 한국인 최초로 국제 기억력 마스터(IMM, Internal

Master of Memory)를 달성한 정계원 씨가 서울에서 첫 번째 기억력대회를 개최했다 — 옮긴이).

세계 기준의 대회는 크게 세 가지 형식으로 나뉜다. 일 년에 한 번만 개최되는 세계 대회, 아시아 선수권 등 넓은 지역에서 개최되는 인터내셔널 대회, 일본 오픈이나 한국 오픈 등 국가 차원에서 개별적으로 개최하는 내셔널 대회가 있다.

세계 대회는 일 년에 한 번, 인터내셔널 대회는 일 년에 여러 차례 열리며 그 외 대부분이 내셔널 대회다. 세계 대회는 사흘에 걸쳐 경기를 진행하며 다른 두 형식의 대회는 이틀간 진행한다. 상당히 긴 경기라고 할 수 있다.

각 대회마다 개최 기간이 다른 이유는 종목별 제한 시간에 차이가 있기 때문이다. 가령 숫자를 기억하는 종목이라면 세계 대회는 60분, 인터내셔널 대회는 30분, 내셔널 대회는 15분의 제한 시간을 둔다. 기억력대회는 국경을 초월해 경합하므로 언어에 의존하는 과제는 피하는 경향이 있으며, 그 결과 숫자나 카드를 사용한 경기가 주를 이룬다.

이제 기억력대회의 각 종목을 살펴보자. 본문에서는 각 종목에서 요구하는 능력에 따라 숫자 종목, 카드 종목, 기타 종목의 세 종류로 분류해 소개하겠다.

기억력 경기 대회(제한 시간은 외우는 시간 기준)

	일본 선수권 대회	세계 기준 대회		
		내셔널 대회	인터내셔널 대회	세계 대회
개최 기간	1일	2일	2일	3일
종목 수	5	10	10	10
제한 시간	5~15분	5~15분	5~30분	5~60분
개최 빈도	연 1회	연 수십 회	연 수 회	연 1회

기억력대회의
열 가지
종목

숫자 종목 1: 스피드 넘버(Speed Numbers)

제한 시간 5분 동안 무작위로 배열된 숫자를 가능한 한 많이 기억하고 그 후 15분 안에 올바르게 답하는 종목이다. 0~9로 이루어진 40자리 숫자가 여러 줄 배열되어 있다.

40자리로 이루어진 한 줄의 숫자를 모두 맞추면 40점, 한 자리를 틀리면 절반인 20점, 두 자리 이상 틀리면 0점으로 처리하며 행별로 점수를 붙인다. 마지막 줄은 예외로 적어 놓은 숫자까지 채점 대상이 된다. 만일 마지막 행에 30자리 숫자까지 적었고 모두 맞추었다면 30점, 한 자리를 틀렸다면 절반인 15점, 두 자리 이상 틀리면 0점 처리한다. 스피드 넘버는 숫자를 바꾸어 2회 진행하며 그중 높은 점수를 총점에 반영한다.

여기에서 얻은 점수는 각 종목별로 정해진 가중치를 적용하여 환산한다. 예를 들어 2018년 기준 스피드 넘버 종목에서 획득한 점수를 가중치를 적용하여 변환하면 100점은

스피드 넘버 출제 문제

2 1 1 9 0 8 4 8 6 9 7 1 0 7 6 8 3 4 1 1 0 1 7 7 6 0 8 6 1 5 8 7 0 8 5 5 2 0 2 9	Row 1
3 2 6 3 8 5 7 9 4 6 2 2 8 6 2 5 1 2 6 4 3 3 9 3 8 0 0 6 3 8 6 4 6 0 5 3 3 2 6 8	Row 2
1 4 5 3 4 2 4 9 3 9 3 8 8 5 3 5 4 7 0 3 9 6 1 8 6 6 3 0 2 7 3 6 5 1 9 0 9 8 9 9	Row 3
7 7 8 8 7 3 1 6 5 0 7 2 0 5 7 8 7 9 1 1 8 0 5 2 7 3 7 8 9 2 8 1 7 2 3 4 3 6 9 7	Row 4
6 3 4 1 5 5 3 6 0 0 1 9 8 9 3 7 8 5 7 5 3 9 3 3 3 6 1 7 9 4 9 1 7 8 2 0 6 7 1 0	Row 5
4 6 8 5 2 3 5 3 3 6 2 9 8 6 9 1 3 9 9 6 5 6 5 8 0 1 1 6 5 1 6 8 2 6 8 5 8 5 6 3	Row 6
7 9 8 0 9 1 0 6 3 6 6 7 7 3 9 7 3 7 3 1 3 6 9 9 6 5 3 7 5 7 8 4 0 4 3 3 6 1 6 8	Row 7
4 7 2 9 8 9 4 7 6 8 4 3 6 4 9 5 2 5 2 2 0 5 0 1 7 1 0 0 3 4 3 6 9 3 2 1 5 0 9 3	Row 8
5 0 1 4 3 6 8 1 0 4 6 8 1 4 2 0 3 8 7 9 6 5 2 3 1 6 8 3 2 7 7 0 7 8 4 5 1 3 9 2	Row 9
5 4 3 0 3 5 0 7 9 0 2 3 1 3 1 4 0 2 2 0 3 9 5 1 2 6 8 4 2 4 4 9 2 5 8 8 5 9 2 5	Row 10
3 0 9 8 5 4 6 1 3 7 3 5 9 9 7 6 3 3 5 4 3 7 4 3 0 4 2 0 4 7 2 8 1 7 4 6 6 4 5 3	Row 11

랜덤 넘버 출제 문제

6 7 9 2 2 0 3 4 5 2 5 8 5 8 1 0 2 6 6 8 5 5 2 4 2 3 1 3 6 5 3 3 6 9 4 9 9 6 6 7   Row 1

8 1 8 1 9 0 7 0 3 5 3 3 0 3 4 9 9 2 3 1 8 5 3 8 7 4 6 1 6 1 7 2 3 1 5 0 2 7 1 3   Row 2

9 9 2 9 7 2 4 5 1 0 4 6 0 3 6 4 4 9 2 0 2 5 1 4 3 9 9 7 9 2 2 7 5 0 2 0 3 0 2 2   Row 3

4 0 0 6 5 3 6 1 2 3 6 7 0 7 5 7 7 7 1 8 4 1 8 0 1 4 4 2 4 7 4 1 2 4 3 1 5 1 4 4   Row 4

6 4 7 3 2 6 9 7 3 3 3 9 9 5 7 7 9 1 6 0 1 6 3 6 8 0 1 0 4 4 5 7 9 2 8 2 9 3 0 8   Row 5

8 6 8 5 3 1 8 5 4 9 2 5 9 7 7 4 6 5 4 5 2 6 5 3 8 5 7 5 0 1 5 3 7 1 8 8 0 7 3 0   Row 6

2 9 1 1 4 0 4 9 0 9 8 0 9 2 7 9 4 2 4 6 8 1 5 1 6 5 6 5 9 1 9 3 9 4 8 5 4 5 1 5   Row 7

4 8 5 6 5 5 3 9 7 4 0 1 3 1 8 1 6 8 4 3 0 7 3 1 6 3 4 7 5 0 7 7 4 9 9 6 6 5 9 2   Row 8

5 0 7 8 5 3 7 6 2 2 4 9 6 9 0 0 7 3 1 3 0 4 3 8 8 5 1 2 0 3 6 7 9 9 6 3 8 0 5 6   Row 9

3 7 7 2 0 3 4 0 7 0 2 9 8 0 2 6 5 5 1 1 8 2 1 7 2 3 9 9 3 4 5 3 7 0 1 4 4 8 4 6   Row 10

4 5 4 5 5 0 6 6 7 8 2 1 9 1 4 9 1 8 6 7 9 7 6 5 4 2 6 3 7 2 3 0 6 6 9 4 9 4 4 6   Row 11

9 6 4 3 7 6 5 4 9 0 4 3 5 3 8 9 7 6 5 4 8 2 4 9 1 6 1 2 5 7 6 8 4 4 0 2 7 8 5 7   Row 12

0 7 2 7 1 3 0 0 1 6 2 6 5 6 6 2 8 6 3 5 1 0 0 9 5 9 5 4 1 0 2 6 6 5 7 9 3 1 7 9   Row 13

6 6 6 7 5 3 0 2 6 8 1 7 9 1 0 3 8 9 5 5 3 8 6 4 3 2 6 3 0 1 8 1 0 2 4 2 8 7 8 4   Row 14

2 8 3 1 6 9 3 4 5 8 7 9 0 0 9 2 8 4 7 9 8 4 6 0 1 4 5 5 0 0 6 6 2 2 4 0 0 7 0 1   Row 15

9 0 8 4 9 1 0 4 6 6 8 7 0 9 4 0 6 0 7 8 8 1 8 0 1 8 9 2 4 2 7 0 9 5 1 5 2 2 8 8   Row 16

0 9 6 8 4 0 9 0 7 8 8 6 1 7 4 7 9 0 8 8 8 0 2 4 6 7 9 8 3 9 7 3 9 1 9 1 9 6 7 9   Row 17

9 0 3 2 5 6 9 4 2 3 1 8 8 1 6 4 7 9 1 0 4 7 0 2 0 6 9 2 8 0 8 0 4 5 8 4 5 2 9 1   Row 18

7 1 7 6 6 4 8 1 5 9 8 9 5 8 0 5 2 0 0 7 4 8 5 8 8 7 3 6 3 2 4 6 9 2 5 7 1 9 6 5   Row 19

4 2 0 4 2 7 4 8 9 4 7 3 8 3 7 5 7 3 1 9 1 0 9 8 0 1 6 1 5 5 2 6 4 7 5 1 9 5 0 1   Row 20

6 9 9 8 4 7 9 4 8 2 0 4 8 7 1 0 6 9 2 7 1 1 7 4 0 4 8 5 0 5 9 3 3 3 5 0 8 2 5 1   Row 21

9 5 6 4 5 1 1 3 0 8 2 6 6 4 6 5 1 9 7 4 1 2 5 6 5 9 3 9 2 2 0 7 7 7 2 3 7 2 5 4   Row 22

2 5 0 6 2 9 6 2 9 1 7 4 9 8 6 7 9 7 6 3 7 2 0 0 3 2 6 4 6 1 1 9 0 4 4 4 5 2 8 7   Row 23

6 9 2 9 9 8 8 0 8 0 6 4 9 4 9 3 1 0 9 4 9 3 3 7 1 5 6 9 7 5 7 8 5 1 5 8 7 7 3 4   Row 24

3 9 3 2 7 6 8 5 9 6 9 0 3 4 7 3 5 1 2 7 1 9 6 0 4 4 2 2 5 8 7 1 6 4 9 9 1 2 5 4   Row 25

183점, 200점은 366점이다. 모든 종목의 변환점수를 합하여 최종 순위를 결정한다.

숫자 종목 2 : 랜덤 넘버(Randome Numbers)

무작위로 늘어선 0~9까지의 숫자를 가능한 한 많이 외우는 종목이다. 제한 시간은 대회 형식에 따라 다르다. 세계 대회에서는 60분, 인터내셔널 대회에서는 30분, 내셔널 대회에서는 15분이 주어진다(이하, 대회 형식에 따라 제한 시간이 다른 경우에는 내셔널 대회 기준을 소개하고, 각 대회의 상이한 제한 시간은 나중에 표로 정리해 소개하겠다).

제한 시간만 다를 뿐 그 외의 진행 방식은 스피드 넘버와 동일하다. 스피드 넘버가 단거리 경주라면 랜덤 넘버는 장거리 경주라고 할 수 있다.

숫자 종목 3 : 이진수(Binary Numbers)

0과 1로 조합한 이진수의 무작위 숫자 배열을 5분간 가능한 많이 외우는 종목이다. 0과 1이 한 줄에 30자릿수가 늘

이진수 출제 문제

0 1 1 0 1 1 1 0 1 0 1 1 0 0 0 0 1 1 0 0 1 0 1 1 0 1 0 1 0 1   Row 1

1 1 1 1 1 0 1 1 0 0 0 0 1 1 0 1 1 1 0 1 0 0 0 1 1 0 1 0 0   Row 2

0 0 0 1 0 1 1 0 0 1 1 1 0 1 0 0 0 1 0 0 0 1 1 0 1 0 1 0 1 1   Row 3

0 1 1 0 0 0 0 1 0 0 1 0 0 1 1 0 0 0 1 1 0 0 1 1 1 0 0 1 1   Row 4

0 1 1 0 0 1 1 1 0 1 0 1 1 1 0 1 1 1 0 0 0 1 0 0 1 1 1 0 1   Row 5

1 0 1 0 1 1 1 0 0 1 1 0 1 0 0 0 1 0 0 0 0 0 1 1 1 0 0 0 0   Row 6

1 1 0 0 1 0 1 0 0 0 1 1 0 0 1 0 1 1 0 1 0 1 1 0 1 0 0 0 1 0   Row 7

0 0 0 0 1 0 0 0 0 0 1 0 0 1 1 1 1 0 1 1 0 0 0 0 1 0 1 1 0   Row 8

0 1 1 0 1 0 1 1 0 0 1 0 1 1 1 0 1 1 1 0 0 1 1 0 0 1 1 1 1 0   Row 9

1 0 0 1 0 1 1 0 1 0 1 1 0 1 0 1 0 1 1 0 1 0 1 0 1 0 1 1 1 0   Row 10

1 1 1 0 1 1 0 0 1 1 1 1 1 1 0 1 0 0 0 0 1 0 1 0 1 1 1 0 0 1   Row 11

1 0 1 0 1 1 1 0 0 0 1 1 1 1 0 0 1 1 0 1 1 0 1 0 1 1 0 0 0 0   Row 12

1 1 0 0 0 1 0 1 0 0 1 0 1 0 1 1 1 0 0 1 1 0 1 0 1 0 0 0 0 0   Row 13

0 0 1 0 1 0 1 0 0 0 1 1 1 1 0 1 0 0 0 0 1 1 1 1 0 0 0 1 1   Row 14

0 1 0 1 1 0 1 0 1 1 1 0 0 0 1 0 1 1 0 0 1 1 0 0 1 0 0 0 1 1   Row 15

1 0 1 0 0 1 0 1 0 1 1 1 0 0 1 1 1 0 0 0 1 1 0 0 1 0 1 0 0 1   Row 16

1 1 1 0 0 1 1 1 1 0 0 0 0 1 1 1 1 0 0 0 1 1 0 1 0 0 1 1 1 0   Row 17

1 0 1 0 1 0 1 1 1 0 0 1 0 0 1 0 0 0 0 0 1 0 1 0 0 1 1 0 0   Row 18

0 0 1 1 0 0 0 1 0 0 1 0 0 0 0 1 1 1 1 0 0 1 0 0 1 1 0 1 1 1   Row 19

0 0 0 0 1 0 1 1 1 0 1 1 1 1 0 0 0 1 0 0 1 1 0 0 0 1 0 1 0 1   Row 20

1 1 0 1 0 1 0 1 0 1 1 0 1 1 0 1 0 0 0 0 0 0 1 1 1 1 0 1 1 1   Row 21

0 1 0 0 1 0 0 1 0 0 1 0 1 1 0 1 0 0 0 0 0 1 1 1 0 1 1 1 0 1   Row 22

0 0 0 1 0 1 1 0 0 1 0 0 1 0 0 0 0 0 1 0 0 1 0 0 1 1 1 0 1 0   Row 23

0 0 0 0 0 1 1 1 1 0 1 0 0 0 0 0 1 1 1 0 0 0 0 0 1 1 0 0 1   Row 24

1 1 1 0 0 0 1 1 1 1 0 0 1 1 0 1 0 1 0 0 0 0 0 0 0 0 1 1 0 0   Row 25

어서 있고 스피드 넘버와 마찬가지로 한 줄을 모두 맞추면 30점, 한 자리를 틀리면 15점, 두 자리 이상 틀리면 0점으로 처리되며 모든 줄의 점수를 합산하여 평가한다.

숫자 종목 4: 역사 연도(Historic Dates)

연도와 그해에 일어난 가상의 사건이 함께 제시되며(예: 1253년 아버지가 지갑을 잃어버렸다.) 5분간 가능한 한 많이 기억하는 종목이다. 답안지에는 가상의 사건이 무작위로 적혀 있어서 해당 연도를 기입하면 된다.

채점 방법은 연도가 맞으면 1점 득점, 틀린 연도를 기입하면 0.5점 감점, 비워둔 경우에는 0점으로 계산해 합계를 낸다.

숫자 종목 5: 스포큰 넘버(Spoken Numbers)

1초에 한 자리씩 읽어주는 0~9까지의 무작위 숫자를 가능한 한 많이 외우는 종목이다. 연속으로 기억한 자릿수까지 점수로 인정된다. 예를 들면 80자릿수까지 기억했다고

역사 연도 출제 문제

1.	2039	카메라 배터리가 방전되었다.
2.	1423	참새가 알을 낳았다.
3.	1046	환경 단체에서 집회를 열었다.
4.	1794	아무도 전화를 받지 않았다.
5.	1287	수성에서 최초로 영화를 촬영했다.
6.	1950	선생님이 탈세를 저질렀다.
7.	1355	귀신의 집이 전세로 나왔다.
8.	1699	생쥐가 매력을 발산했다.
9.	1542	뉴스 리포터가 이틀 내내 잠을 못 잤다.
10.	1855	돼지가 춤을 추었다.
11.	1279	예술가가 시험에서 떨어졌다.
12.	1365	카지노에서 무료로 뷔페를 제공했다.
13.	1128	해적이 결혼했다.
14.	1517	사장이 파산했다.
15.	1008	고속도로에 지진이 일어났다.
16.	1069	수퇘지가 털을 짓밟았다.
17.	1504	수탉이 목소리를 잃었다.
18.	1391	정부가 일주일 동안 폐쇄되었다.
19.	1602	마술사가 지갑을 잃어버렸다.
20.	1054	요리사가 반역을 일으켰다.
21.	2069	교장 선생님이 체육 시험을 치렀다.
22.	1505	기사가 심장병을 앓았다.
23.	1487	카페에서 연어샐러드를 판매했다.
24.	1704	용이 성에 잠들어 있었다.
25.	1733	지구 전체가 비핵화되었다.
26.	1956	회계사가 감기에 걸렸다.
27.	1140	자전거 타기 축제가 개최되었다.
28.	1312	비행기 조종사가 애인과 헤어졌다.
29.	1331	화성이 지구와 충돌했다.
30.	1385	사회자가 성공한 사람을 찾았다
31.	1130	하마가 다이어트를 했다.
32.	1497	꿀벌이 산으로 날아갔다.
33.	1410	목수가 핫도그를 팔았다.
34.	1930	범죄자가 임신을 했다.
35.	1657	코끼리가 심장병에 걸렸다.
36.	2017	우주 비행사가 해고되었다.

해도 세 번째 자릿수를 틀렸다면 2점만 획득한다.

대회에 따라서 두 번이나 세 번 경기를 하며 가장 높은 점수를 얻은 회차를 총점에 반영한다. 횟수를 거듭할수록 읽어주는 수의 자릿수가 늘어난다. 첫 번째는 100자리까지, 두 번째는 300자리까지 읽어주는 식이다. 숫자를 영어로 읽어주므로 상당한 집중력이 필요하며 많은 선수들이 가장 어려운 종목으로 꼽는다.

카드 종목 1: 스피드 카드(Speed Cards)

조커를 제외하고 무작위로 섞인 52장짜리 카드 한 벌을 5분 이내에 가능한 한 빨리, 많이 외우는 종목이다. 52장 모두 기억했을 경우에는 걸린 시간이 짧을수록 높은 점수를 얻는다.

나누어 준 카드의 순서를 외워서 참가자가 사전에 준비한 한 벌의 카드로 그 순서를 그대로 재현하는 방식이다. 이종목 역시 두 번 진행해 높은 점수를 채택한다.

스피드 카드는 대회의 하이라이트라 할 수 있는 종목이다. 완료 시간에 따라 최종 점수가 크게 달라지기 때문에 통상적으로 마지막에 진행한다.

랜덤 카드 답안지

TOKYO Friendly Memory Championships 2015
Cards Recall

Name : _____ WMSC ID : _____

A1 [ ]

A2 [ ]

◯

Write the number or letter A(ce), J(ack), Q(ueen), K(ing)

Deck # (left)

Card	#	♠	♥	♣	♦
♠A	1				
♠2	2				
♠3	3				
♠4	4				
♠5	5				
♠6	6				
♠7	7				
♠8	8				
♠9	9				
♠10	10				
♠J	11				
♠Q	12				
♠K	13				
♥A	14				
♥2	15				
♥3	16				
♥4	17				
♥5	18				
♥6	19				
♥7	20				
♥8	21				
♥9	22				
♥10	23				
♥J	24				
♥Q	25				
♥K	26				
♣A	27				
♣2	28				
♣3	29				
♣4	30				
♣5	31				
♣6	32				
♣7	33				
♣8	34				
♣9	35				
♣10	36				
♣J	37				
♣Q	38				
♣K	39				
♦A	40				
♦2	41				
♦3	42				
♦4	43				
♦5	44				
♦6	45				
♦7	46				
♦8	47				
♦9	48				
♦10	49				
♦J	50				
♦Q	51				
♦K	52				

Deck # (right)

Card	#	♠	♥	♣	♦
♠A	1				
♠2	2				
♠3	3				
♠4	4				
♠5	5				
♠6	6				
♠7	7				
♠8	8				
♠9	9				
♠10	10				
♠J	11				
♠Q	12				
♠K	13				
♥A	14				
♥2	15				
♥3	16				
♥4	17				
♥5	18				
♥6	19				
♥7	20				
♥8	21				
♥9	22				
♥10	23				
♥J	24				
♥Q	25				
♥K	26				
♣A	27				
♣2	28				
♣3	29				
♣4	30				
♣5	31				
♣6	32				
♣7	33				
♣8	34				
♣9	35				
♣10	36				
♣J	37				
♣Q	38				
♣K	39				
♦A	40				
♦2	41				
♦3	42				
♦4	43				
♦5	44				
♦6	45				
♦7	46				
♦8	47				
♦9	48				
♦10	49				
♦J	50				
♦Q	51				
♦K	52				

10개 종목의 진행 순서는 대회에 따라 다르지만, 보통 숫자 계열 종목을 이틀로 골고루 나누고 사이사이에 다른 종목을 끼워 넣는다. 스피드 카드는 마지막에 진행하는 것이 암묵적인 규칙이다.

카드 종목 2: 랜덤 카드(Randome Cards)

52장의 카드 한 벌을 제한 시간 10분 안에 가능한 한 많이 외우는 종목이다. 스피드 카드와 다른 점은, 참가자 전원이 같은 시간을 사용해 외운다는 점, 그리고 실제로 카드를 만지는 것이 아니라 해답 용지에 기입한다는 점이다.

한 벌 모두 정답이면 52점, 한 장을 틀리면 26점, 두 장 이상을 틀리면 0점 처리된다. 한 벌 단위로 계산을 진행하여 합계를 낸다. 스피드 넘버와 마찬가지로 마지막 한 벌은 외운 데까지 점수가 인정된다.

기타 종목 1: 얼굴과 이름(Names and Faces)

여러 나라 사람의 얼굴과 이름을 가능한 한 많이 외우는

얼굴과 이름 출제 문제

마이크 콜리아스   타이론 엘나니아   살바도르 링크

마다카즈 이와이   플라마스 아비   델리 곤자가

페나 올페사   로슬린 카우드   젤 필리엘보

종목이다. 제한 시간은 5분이다.

국가나 언어에 따른 차이를 없애기 위해 여러 나라 사람들의 얼굴과 이름으로 구성되며 일본인은 일본어(가타카나)로 진행할 수 있다.

한 번 맞추면 1점 득점, 틀린 답을 적으면 1.5 감점, 아무것도 적지 못한다면 0점으로 채점하여 합계를 낸다.

기타 종목 2 : 무작위 단어(Random Words)

제한 시간 5분 안에 가능한 한 많은 단어를 외우는 종목이다. 단어는 '사과'나 '컴퓨터'와 같은 명사부터 '흡수하다'와 같은 동사까지 품사의 구별 없이 무작위로 배열된다. 한 줄에 20개씩 여러 줄 늘어놓은 단어를 가능한 한 많이 외우면 된다. 일본인은 일본어로 번역된 문제로 경기를 치를 수 있다.

채점은 한 줄을 모두 맞추면 20점, 단어 하나를 실수하면 10점, 둘 이상 실수하면 0점 처리되며, 마지막 줄은 단어를 적은 부분까지 득점한다. 히라가나와 가타카나를 구분해서 쓰지 못해도 틀린 것으로 채점된다. 한자를 잘못 쓰면 철자 오류로 처리되며 그때마다 1점씩 감점된다.

무작위 단어 출제 문제

1	투자가	21	머그컵	41	한 걸음	61	사고	81	시장
2	공적	22	전화	42	경기장	62	연극하다	82	외교관
3	결석	23	복부	43	우산	63	피고	83	백팩
4	마멀레이드	24	거북이	44	붕괴	64	햄버거	84	플랜트
5	신사	25	펭귄	45	침략자	65	샌드위치	85	예언자
6	부당이득자	26	독	46	선거	66	앨러배스터	86	장어
7	축하회	27	수납하다	47	러그	67	거부	87	심박
8	게	28	넝마	48	발코니	68	양상추	88	차바퀴
9	사슴	29	사냥꾼	49	유아	69	배양액	89	성경
10	코스튬	30	물보라	50	흡혈귀	70	파이프	90	위임하다
11	원주	31	사인	51	도롱뇽	71	총	91	석궁
12	주판	32	통나무	52	스패너	72	스모크	92	오렌지
13	벌	33	꿀벌	53	엉덩이	73	연료	93	잎
14	동정	34	신발	54	물리학자	74	첼로	94	대성당
15	코넷	35	다이아몬드	55	해군	75	애국심	95	이젤
16	우러르다	36	비틀다	56	전투	76	캠핑하다	96	도자기
17	습관	37	장신구	57	유감이다	77	카운터	97	생식지
18	콘크리트	38	카리스마	58	이야기	78	마스코트	98	연합
19	현자	39	차선	59	암살자	79	오토바이	99	특수부대원
20	팔레트	40	모자 상자	60	다락방	80	기체	100	관목

랜덤 이미지 출제 문제

Row 1

Row 2

Row 3

Row 4

Row 5

Row 6

Row 7

Row 8

Row 9

Row 10

기타 종목 3: 랜덤 이미지(Random Images)

이 종목은 최근에 새로 만들어진 종목으로, 한 줄에 다섯 개씩 열 줄의 그림이 있고 각 줄의 그림 순서를 외운다. 시간은 5분이 주어진다.

답안지에는 그림이 무작위로 배치되어 있으며 각 그림이 원래 몇 번째 줄, 몇 번째 그림인지 숫자를 적어 넣는다.

순서가 맞으면 5점 득점, 틀리면 1점 감점이다.

기억력대회의 종목별·대회별 경기 시간

종목 \ 대회 종류	내셔널 대회	인터내셔널 대회	세계 대회
스피드 넘버	5분	5분	5분
랜덤 넘버	15분	30분	60분
이진수	5분	30분	30분
역사 연도	5분	5분	5분
스포큰 넘버	100자리/ 300자리	100자리/ 300자리/ 550자리	200자리/ 300자리/ 550자리
스피드 카드	5분	5분	5분
랜덤 카드	10분	30분	60분
얼굴과 이름	5분	15분	15분
무작위 단어	5분	15분	15분
랜덤 이미지	5분	5분	5분

슈퍼 기억력 트레이닝